Ursula Oppolzer

Gedächtnisspiele für Senioren

Aktivieren von Körper & Geist

Rund um Mensch, Kleidung & Alltag

schlütersche

Ursula Oppolzer studierte Biologie und Geografie, Mathematik und Psychologie. Sie zählt zu den führenden Expert*innen für Gedächtnismanagement, Konzentration und Lernen und hat viele erfolgreiche Bücher veröffentlicht.

Bibliografische Information der Deutschen Nationalbibliothek
Die Deutsche Nationalbibliothek verzeichnet diese Publikation in der Deutschen Nationalbibliografie; detaillierte bibliografische Daten sind im Internet über https://dnb.de abrufbar.

ISBN 978-3-8426-0889-4 (Print)
ISBN 978-3-8426-9170-4 (PDF)
ISBN 978-3-8426-9171-1 (EPUB)

Originalausgabe

Abbildungen: djvstock – stock.adobe.com

Lektorat: Claudia Flöer, Text & Konzept Flöer
Covermotiv: Fortgens Photography – stock.adobe.com/Vilmos – stock.adobe.com
Reihengestaltung: Kerker + Baum, Büro für Gestaltung GbR, Hannover
Covergestaltung und Satz: Sandra Knauer Satz · Layout · Service, Garbsen
Druck und Bindung: Salzland Druck GmbH & Co. KG, Staßfurt

Inhalt

Vorwort

Liebe Betreuerinnen und Betreuer,

tagtäglich regen Sie Ihre Senior*innen an, den versunkenen Wortschatz zu heben, Redewendungen und Redensarten sowie Zitate hervorzukramen. Sie erinnern an Lieder und Gedichte, rufen Wissen und Erfahrungen ab und bringen die Senior*innen zum Lachen.

Gedächtnistraining fördert die Durchblutung des Gehirns und des ganzen Körpers. Das ist besonders wichtig für Menschen, die in ihren Bewegungsmöglichkeiten eingeschränkt sind.
Bei allen geistigen Aktivitäten soll es aber nicht nur um die Gesundheit gehen, sondern vor allem um Freude! Lachen und Erfolgserlebnisse rufen positive Gefühle hervor, entspannen und motivieren, weiterzumachen, auch wenn die Aufgaben mal nicht so einfach sind.

Erfolge in entspannter, fröhlicher Atmosphäre führen zu mehr Selbstvertrauen, zu einem positiven Selbstbild und machen zufrieden. Die Folgen sind allesamt positiv: die Ihnen anvertrauten Menschen sind aktiver, haben mehr Umwelt- und Sozialkontakte, mehr Bewegung, eine verbesserte Gesundheit und letztlich mehr Freude am und im Leben.

Mit diesen Gedächtnisspielen zum Thema „Rund um Mensch, Kleidung & Alltag" können Sie die Teilnehmer*innen immer wieder überraschen und motivieren, indem Sie aus dem Langzeitgedächtnis viele Erinnerungen hervorholen und mit leichten (und etwas anspruchsvolleren) Spielen die Teilnehmenden dort abholen, wo sie stehen.
Wichtig ist dabei, dass alle wirklich in Bewegung kommen, deshalb gebe ich Ihnen immer wieder Tipps, wie Sie die Teilnehmer*innen mit guter Laune in Schwung bringen.

Ich wünsche Ihnen und Ihren Senior*innen Begeisterung für das Training, viel Freude, viele Erfolgserlebnisse, heitere Gelassenheit und immer wieder neue, kreative Ideen.

Boppard-Buchenau, im Oktober 2022 Ursula Oppolzer

Mensch

Mundharmonika & Muskelkater

Die Teilnehmenden finden heraus, um welche Dinge es sich hier handelt und ergänzen die Begriffe.

- *(Fuß-/Kopf)*note
- *(Bein)*kleider
- *(Arm-/Rücken)*lehne
- *(Kopf)*nuss
- *(Mund)*harmonika
- *(Hals)*kette
- *(Zehen-/Finger)*nagel
- *(Finger)*ring
- *(Knie)*kehle
- *(Bauch)*laden
- *(Schulter)*tuch
- *(Hand)*tasche
- *(Hand)*schuhe
- *(Augen)*schein
- *(Schulter)*kissen
- *(Leber)*fleck
- *(Gaumen)*schmaus
- *(Fersen)*geld
- *(Zahn)*krone
- *(Lungen)*flügel
- *(Waden)*beißer
- *(Ohr)*feige
- *(Gallen)*steine
- *(Haar)*bürste

Weitere Ideen

Lassen Sie weitere Begriffe mit Körperteilen nennen: *Brustkorb, Blasentang, Nasenflügel, Nasenloch, Nasenbein, Zahnwurzel, Zahnrad, Zahnbürste, Zahnstein, Fingerhut, Fußpilz, Fußball, Fußsohle, Fußbank, Halskrause, Handspiel, Handgepäck, Herzschlag, Herzblatt, Haarband, Haarwurzel, Handschlag, Nierentisch, Ohrmuschel, Lippenstift, Lederhaut, Augengläser, Armleuchter, Armband, Armreif, Kopfball, Kopfstand, Kniescheibe, Knieschoner, Magenbitter, Buchrücken, Milchzahn, Standbein, Tischbein, Elfenbein, Hasenfuß, Pferdefuß, Fettaugen, Tischbein, …*

- Nennen Sie ein Körperteil und die Teilnehmenden nennen Begriffe mit diesem Körperteil.
- Nennen Sie 10 Begriffe und die Teilnehmenden merken sie sich.

Bewegungsimpuls

Lassen Sie die Begriffe von den Teilnehmenden pantomimisch darstellen und erraten.

Geistesblitz

„Die schwierigste Turnübung ist immer noch, sich selbst auf den Arm zu nehmen.“ Werner Finck

Ein voller Bauch studiert nicht gern

Die Teilnehmenden ergänzen diese Redewendungen.

- Jemanden übers Ohr *(hauen)*
- Sein Gesicht *(verlieren)*
- Das Herz auf dem *(rechten Fleck haben)*
- Von der Hand in den *(Mund leben)*
- Auf großem *(Fuß leben)*
- Jemandem die Daumen *(drücken)*
- Es ist zum Haare *(raufen)*
- Einen Zahn *(zulegen)*
- Im Brustton *(der Überzeugung)*
- Das schlägt mir auf *(den Magen)*
- Etwas aus erster *(Hand wissen)*
- Sich auf die Zunge *(beißen)*
- Jemandem die Haare vom *(Kopf essen)*
- Jemandem die kalte *(Schulter zeigen)*
- Jemandem auf den *(Fersen bleiben)*
- Jemanden auf *(Händen tragen)*
- Etwas übers *(Knie brechen)*
- Ein schöner Bauch *(kann auch entzücken)*
- Auf Herz und Nieren *(prüfen)*
- Die Nase über *(etwas rümpfen)*

Weitere Ideen

- Lassen Sie weitere Redewendungen nennen, in denen Körperteile vorkommen.
- Sagen Sie den zweiten Teil der Redewendungen und die Teilnehmenden nennen den ersten Teil.
- Lassen Sie Redewendungen nennen, in denen Körperteile und das Wort „reden“ vorkommen: *Um Kopf und Kragen reden – Mit tausend Zungen reden – Mit gespaltener Zunge reden – Frisch von der Leber weg reden – Mit den Händen reden – Jemandem nach den Mund reden*
- Nennen Sie die unterstrichenen Wörter der Sätze und die Teilnehmenden merken sich die Wörter in der genannten Reihenfolge.
- Lassen Sie reihum Sätze mit den unterstrichenen Wörtern bilden.

Bewegungsimpuls
Die Teilnehmenden klatschen abwechselnd vor dem Bauch und hinter dem Rücken in die Hände.

Geistesblitz
„Ein Buch ist wie ein Spiegel: Wenn ein Affe hineinsieht, so kann kein Apostel herausgucken.“
Georg Christoph Lichtenberg

Steckbrief

Lesen Sie diesen Steckbrief vor und lassen Sie die Teilnehmenden raten, um was es geht.

Ich rieche gut.
Ich habe Löcher.
Ich habe Flügel.
Ich habe ein Bein aber ohne Knie.
Ich liege nicht auf meinem Rücken.
Ich kann plattgedrückt werden.
Ich kann nicht stehen aber laufen.
(Nase)

Geistesblitz
„Ein Wunsch kann durch nichts mehr verlieren als dadurch, dass er in Erfüllung geht." *Peter Bamm*

Weitere Ideen

- Die Teilnehmenden nennen reihum Dinge, die gut riechen.
- Die Teilnehmenden nennen reihum Dinge, die schlecht riechen.
- Lassen Sie Redewendungen nennen, in denen eine Nase vorkommt: Auf der Nase herumtanzen – An der Nase herumführen – Eine lange Nase machen – Eine Nasenspitze voraus sein
- Die Teilnehmenden nennen reihum Begriffe, die mit „Nasen" anfangen oder mit „nasen" enden: *Nasenbein – Nasenloch – Nasenrücken – Nasenbeinbruch – Nasenbluten – Nasenbohrer – Nasenbär – Nasendusche – Nasenflügel – Nasengruß – Knollennasen – Lacknasen – Pappnasen, …*
- Lassen Sie Wörter nennen, in denen die Buchstaben N A S E in beliebiger Reihenfolge vorkommen: *Sahne, Hasen, Sachen, Schalen, Schande, Laschen, Aschen, Sandkasten, Nashörner, Waschen, Schachteln, Kasten, Hasten, Rasten, Basteln, …*

Bewegungsimpuls
Bitten Sie die Teilnehmenden, sich gerade hinzustellen und in einen Fantasiespiegel zu schauen. Dabei ziehen sie Grimassen wie ein Clown und malen mit ihrer Nase auf dem Fantasiespiegel ein Mondgesicht oder eine Eistüte mit Eiskugeln.

Oma hört Rockmusik

Lesen Sie diese Sätze vor und lassen Sie die Teilnehmenden die Körperteile nennen, die entstehen, wenn die Anfangsbuchstaben der Wörter zusammengesetzt werden.

- Oma hört Rockmusik. *(Ohr)*
- Anton reist mittellos. *(Arm)*
- Katharina orgelt pausenlos falsch. *(Kopf)*
- Hans interessieren rabenschwarze Nachrichten. *(Hirn)*
- Hanna erntet richtige Zitronen. *(Herz)*
- Louise untersucht nachts große Erdbeeren. *(Lunge)*
- Alle Usambaraveilchen gehen ein. *(Auge)*
- Narren arbeiten sehr eigenartig. *(Nase)*
- Meine argwöhnische Großmutter erntet nachts. *(Magen)*
- Lustige Eheleute bleiben eher romantisch. *(Leber)*

Weitere Ideen

- Nennen Sie Körperteile und die Teilnehmenden bilden Sätze, bei denen die Anfangsbuchstaben der Wörter die Namen der Körperteile bilden und alle Mitspielenden finden heraus, um welche Körperteile es sich handelt.
- Die Teilnehmenden bilden mit ihren Sätzen Reime: *Anton reist mittellos mit einer roten Ros'*
- Lassen Sie die Teilnehmenden aufzählen, was man mit den Händen alles tun kann: *Streicheln, Zupacken, Festhalten, Schlagen, Tippen, Graben, Kraulen, Reden, Spielen, Massieren, …*

Bewegungsimpuls
Bitten Sie die Teilnehmenden, mehrfach nach hinten zu schauen – abwechselnd links und rechts herum.

Geistesblitz
„Man kann auch mit lauter echten Zähnen ein falsches Lächeln produzieren.“ Gabriel Laub

Was machst du mit dem Knie, lieber Hans?

Heute geht es um Lieder, in denen Körperteile vorkommen. Singen Sie mit den Teilnehmenden dieses Lied über einen Körperteil und lassen Sie den Takt mit den Händen klatschen und mit den Füßen trampeln.

Was machst du mit dem Knie, lieber Hans,
Mit dem Knie, lieber Hans, beim Tanz?
Was lachst du?
Tu das nie, lieber Hans,
Tu das nie, lieber Hans, beim Tanz!
Warum wippst du mit den Schultern so sehr?
Und was hüpfst du wie ein Floh hin und her?
Und was machst du, ja, was machst du
Mit dem Knie, lieber Hans, beim Tanz?

Geistesblitz

„Die Gelassenheit ist eine anmutige Form des Selbstbewusstseins." Marie von Ebner-Eschenbach

Weitere Ideen

- Die Teilnehmenden nennen weitere Lieder, in denen Körperteile vorkommen: *Zeigt her eure Füße, zeigt her eure Schuh – Rote Lippen soll man küssen – Dein ist mein ganzes Herz – Wenn die Elisabeth nicht so schöne Beine* hätt' *– Du bist mein Augenstern – …*
- Lassen Sie reihum Liedertitel nennen und alle merken sich die Reihenfolge der Körperteile (Kofferpacken).

Bewegungsimpuls

Lassen Sie zuerst die Zahlen 1–13 mit einzelnen Körperteilen verbinden: Die Teilnehmenden zeigen bei 1 mit der rechten Hand auf die linke Hand, bei 2 auf den linken Ellbogen, bei 3 auf die linke Schulter, bei 4 mit der linken Hand auf die rechte Schulter, bei 5 auf den rechten Ellbogen, bei 6 auf die rechte Hand, bei 7 auf die rechte Hüfte, bei 8 auf das rechte Knie, bei 9 auf den rechten Fuß. Bei 10 zeigt die rechte Hand auf den linken Fuß, bei 11 auf das rechte Knie, bei 12 zeigt die Hand auf die rechte Hüfte und bei 13 auf den Kopf.
Nennen Sie nun Zahlen von 1–13 und die Teilnehmenden zeigen auf den entsprechenden Körperteil.

Alles versteckt

Lesen Sie diese Wörter mindestens zweimal ganz langsam und deutlich vor. Die Teilnehmenden nennen die Wörter, die versteckt sind.

Darm – Bohrer – Schande – Felle – Klippen – Brücken – Scherz – Charme – Laugen – Polizei – Besatzungen – Zuckerrohr – Scharniere – Uferseite – Ofenrohr – Bader – Baugerüst – Handbohrmaschine – Schwaden – Mohrrüben – Krücken – Apotheke – Schaugeschäft – Rohrdommel – Schalseide – Staubsauger – Staugewusel – Schwangerschaft – Musikopfer – Taugenichts – Weltraumagent – Laubeinsaugung – Schautafel – Rokokopferde – Bankniederlassung – Harzungeheuer – Bilanzungenauigkeit – Umsturzahnung – Verschachtelungen – Ananaserdbeere – Taugeschwindigkeit – Rheingaumenschen

Weitere Ideen

- Sagen Sie ein Wort und die Teilnehmenden nennen einen Begriff, in dem dieses Wort versteckt ist: *ich – Stich, Wicht, Gicht, …/ ein – Wein, Stein, …/sie – Sieb, Fantasie, …/lau – laufend, Schlaufe, klauen, …/Eis – Reis, Preis, Reise, …/Ente – Rente, Studenten, …*
- Die Teilnehmenden nennen reihum Wörter, in denen ein anderes Wort versteckt ist.
- Sagen Sie Sätze mit versteckten Wörtern und die Teilnehmenden nennen die Wörter:
  - *Die Schausteller kommen jedes Jahr.*
  - *Du schellst einfach bei Badermann.*
  - *Ottos Gabe lautete: 100 Deckeleimer.*
  - *Wenig Laster fahren in Eidinghausen.*
  - *Ich werde dir eine Haube senden.*
  - *Komm her, du Schluri.*

Bewegungsimpuls
Die Teilnehmenden nennen reihum berühmte Persönlichkeiten und alle Mitspielenden buchstabieren den Namen, indem sie auf die Körperteile zeigen, die mit dem entsprechenden Buchstaben beginnen, wie bei *H E I N E*: **H**aar – **E**llbogen – **I**nnenseite der Hand – **N**ase – **E**llbogen

Körperteile von A–Z: **A**rm – **B**ein – C = **H**ände klatschen – **D**aumen – **E**llbogen – **F**erse – **G**alle – **H**aar – **I**nnenseite der Hand – **J**ochbein = **N**ase – **K**nie – **L**ippen – **M**und – **N**ieren – **O**hr – **P**o – **R**ingfinger – **S**tirn – **T**aille – **U**nterschenkel – **V**= Hände klatschen – **W**angen – **Z**ehen

---

Geistesblitz
„Persönlichkeit ist das, was übrig bleibt, wenn man Ämter, Orden und Titel von einer Person abzieht!“ Wolfgang Herbst

---

Drum prüfe, wer sich ewig bindet

Die Teilnehmenden ergänzen diese Sprichwörter, Redewendungen und Liedzeilen

Drum prüfe, wer sich ewig bindet, *(ob sich Herz zu Herzen findet).*
Von der Stirne heiß, *(rinnen muss der Schweiß).*
Mein schönes Fräulein darf ich wagen, *(meinen Arm und Geleit ihr anzutragen?)*
Wem das Herz voll ist, *(dem geht der Mund über).*
Meine Ruh ist hin, *(mein Herz ist schwer).*
Zwei Seelen wohnen ach *(in meiner Brust).*
Mehr Schulden als *(Haare auf dem Kopf haben).*
Mir wird von alledem so dumm, als *(ging mir ein Mühlrad im Kopf herum).*
Mein Herz ist wie ein *(Bienenhaus).*
Püppchen, du bist *(mein Augenstern).*
Müde bin ich, geh' zur Ruh, *(schließe beide Äuglein zu).*
Du, du liegst mir *(am Herzen).*
Reich mir die Hand *(mein Leben).*
Auch ich war ein Jüngling mit *(lockigem Haar).*

Weitere Ideen
Lesen Sie diese Zeilen vor und lassen Sie die fehlenden Wörter ergänzen.
O zarte Sehnsucht, süßes Hoffen
Der ersten Liebe goldne *(Zeit!)*
Das Auge sieht den Himmel *(offen),*
Es schweigt das Herz in *(Seligkeit).*
Friedrich Schiller, „Das Lied von der Glocke“

Bewegungsimpuls
Die Teilnehmenden falten die Hände und legen sie als Stütze in den Nacken. Nun versuchen sie – gegen den Widerstand der Hände – ihren Kopf nach hinten zu drücken. Dabei zählen sie langsam rückwärts von 5–0, lassen dann los und schütteln die Hände aus.

Geistesblitz
„Der Vorteil der Klugheit besteht darin, dass man sich dumm stellen kann.“
Kurt Tucholsky

Mit Händen und Füßen reden

Spielen Sie ein Quiz mit Redewendungen und lassen Sie die Teilnehmenden diese Fragen beantworten.

- Womit redet man, wenn man nicht spricht? *(mit Händen und Füßen)*
- Was kann man im Sturm erobern? *(das Herz)*
- Was macht man mit den Beinen, wenn man lange warten muss? *(sich in den Bauch stehen)*
- Was nimmt man in beide Hände, wenn man mutig sein möchte? *(das Herz)*
- Was trägt jemand auf der Zunge, wenn er sagt, was er fühlt? *(das Herz)*
- Wer sehr gut hört, hat Ohren wie … *(ein Luchs)*
- Welche Farben haben Daumen von Blumenliebhaberinnen? *(grün)*
- Welchen Körperteil sollte man nie verlieren? *(den Kopf)*
- Was hat man manchmal gestrichen voll? *(die Nase)*
- Wohin läuft eine Laus, wenn man sich geärgert hat? *(über die Leber)*
- Was hat man, wenn man Haare nicht nur auf dem Kopf, sondern auch im Kopf hat? *(Haare auf den Zähnen)*

Weitere Ideen

- Nennen Sie weitere Redewendungen und die Teilnehmenden stellen die Fragen.
- Die Teilnehmenden stellen selbst Fragen zu Redewendungen und Sprichwörtern rund um den Körper: *Nicht den Kopf hängen lassen – Den Kopf waschen – Jemandem unter die Arme greifen – Den Finger auf die Wunde legen – Den Nacken steif halten – Auf Herz und Nieren prüfen) – …*
- Es werden gemeinsam Sätze oder eine Geschichte gebildet, in der diese Redewendungen vorkommen.

Bewegungsimpuls
Die Teilnehmenden stellen Redewendungen pantomimisch dar, die von den Mitspielenden erraten werden.

Geistesblitz
„Ein Optimist sieht stets nur grünes Licht, ein Pessimist immer rotes, der wirklich Weise jedoch ist farbenblind.“ Friedrich Dürrenmatt

Selbstkritik

Lesen Sie dieses Gedicht von Wilhelm Busch vor und die Teilnehmenden merken sich zwei Zeilen.

Die Selbstkritik hat viel für sich.
Gesetzt den Fall, ich tadle *(mich)*,
So hab ich erstens den Gewinn,
Dass ich so hübsch bescheiden *(bin)*;
Zum zweiten denken sich die Leut,
Der Mann ist lauter Red*(lichkeit)*;
Auch schnapp ich drittens diesen Bissen
Vorweg den andern (Kritik*küssen*);
Und viertens hoff ich außerdem
Auf Widerspruch, der mir *(genehm)*.
So kommt es denn zuletzt heraus,
Dass ich ein ganz famoses *(Haus)*.
Wilhelm Busch

Weitere Ideen

- Lesen Sie das Gedicht noch einmal und lassen Sie die Reime ergänzen.
- Lassen Sie gemeinsam ein Gedicht erfinden.
- Die Teilnehmenden nennen Gedichte von Wilhelm Busch: *Zu gut gelebt – Der Einsame – Der Narr –Dunkle Zukunft – Erbauliche Bescheidenheit – In trauter Verborgenheit – Teufelswurst – Fink und Frosch – Geschmacksache – Lebensfahrt – Der fremde Hund – Kritik des Herzens*

Bewegungsimpuls
Die Teilnehmenden stellen sich aufrecht hin, überkreuzen die Beine und balancieren möglichst 3 Minuten ein Buch auf dem Kopf.

Geistesblitz
„Mit dem Geist ist es wie mit dem Magen: Man sollte ihm nur Dinge zumuten, die er verdauen kann.“
Winston Churchill

Mit der Faust auf den Tisch schlagen

Lassen Sie die Teilnehmenden diese Sätze, in denen etwas geschlagen wird, ergänzen.

Paul schlägt sich *(durch).*
Es wurden 99 Thesen an die *(Kirchentür geschlagen).*
Das Wetter *(schlägt um).*
Man kann mit einem Bauchklatscher aufs *(Wasser aufschlagen).*
Jemand wird in die *(Flucht geschlagen).*
Ich kann meinem Freund einfach nichts *(abschlagen).*
Ich werde dein Angebot *(nicht ausschlagen).*
Im Sport werden viele *(Räder geschlagen).*

Weitere Ideen

- Die Teilnehmenden nennen alles, was man schlagen kann: *Alarm, Schaum, Sahne, Trommel, Pauke, …*
- Lassen Sie Redewendungen nennen, in denen geschlagen wird: *Sich in die Bresche schlagen – Jemanden in die Flucht schlagen – Mit der Faust auf den Tisch schlagen – Zwei Fliegen mit einer Klappe schlagen – Jemanden aus dem Feld schlagen – Einen Haken schlagen – …*
- Die Teilnehmenden nennen Wörter, die mit „schlagen" enden: *anschlagen, unterschlagen, überschlagen, zerschlagen, vorschlagen, um sich schlagen, ausschlagen, abschlagen, verschlagen, umschlagen, …*
- Lassen Sie Begriffe nennen, die mit „Schlag" beginnen oder enden: *Schlagfertigkeit, Schlagen, Schlagabtausch, Schlager, Umschlag, Beschlag, Verschlag, Überschlag, Anschlag, Faustschlag, Ratschlag, …*

Bewegungsimpuls

Jeweils beim 1. Wort eines Satzes zeigen die Teilnehmenden mit beiden Händen auf ihren Kopf, beim 2. Wort zeigen sie auf ihre Brust, beim 3. Wort auf den Bauch, beim 4. Wort auf die Knie, beim 5. Wort auf die Füße. Für jedes weitere Wort wird in die Hände geklatscht.

Geistesblitz

„Der Mensch ist nur da ganz Mensch, wo er spielt."
Friedrich Schiller

Ach, lege deine Wange …

Lesen Sie die Zeilen dieses Chansons vor und die Teilnehmenden merken sich die Körperteile und Namen in der vorkommenden Reihenfolge.

Ach, lege deine Wange
Wenn ich mal wütend bin
Auf meinen Theo
Und er mir Szenen macht,
Weil ich mit Leo,
Wenn er dann „Dirne" schreit
Und wer weiß was spricht,
Wenn er mich gar bespeit,
Weil er so nass spricht,

Dann zürn ich nicht,
Dann zank ich nicht,
Dann schrei ich nicht,
Dann schelt' ich nicht,
Dann bin ich liebenswürdig,
Liebenswürdig,
Liebenswürdig, liebenswürdig,
Ich hab' Kultur
Und sage nur:

„Ach, lege deine Wange
Doch mal an meine Wange
Und bleibe da recht lange
Mit deiner Wange,
Du süßer Herzensclown!
Ich kann dir stundenlang,
Stundenlang, stundenlang
In die Augen schau'n,
Ja, stundenlang."
Kurt Tucholsky

Bewegungsimpuls
Die Teilnehmenden zeigen so schnell wie möglich 10-mal abwechselnd mit dem linken Zeigefinger auf die rechte Wange und mit dem rechten Zeigefinger auf die linke Wange.

Geistesblitz
„Je weniger Hirn man im Kopf hat, desto mehr Platz ist für Dummheiten." Gerhart Reichel

Es liegt mir auf dem Hühnerauge

Die Teilnehmenden finden heraus, was bei diesen Redewendungen nicht stimmt.

- Es liegt mir auf dem Hühnerauge *(auf der Zunge).*
- Jemanden hüten wie seine Schäfchen *(seinen Augapfel).*
- Nicht die Arme *(Ohren)* hängen lassen.
- Seinen Fuß *(sein Herz)* in die Hand nehmen.
- Jemandem auf der Brille *(Nase)* herumtanzen.
- Jemandem läuft der Mund *(die Galle)* über.
- Das Wasser steht jemandem bis zur Haarwurzel *(zum Hals).*
- Den Bauch *(die Nase)* gestrichen voll haben.
- Nicht auf das Knie *(den Mund)* gefallen sein.

Weitere Ideen

- Die Teilnehmenden nennen weitere Redewendungen, in denen Körperteile vorkommen.
- Lassen Sie reihum Körperteile mit 4 Buchstaben (in der Einzahl) nennen: *Hirn, Kopf, Hand, Auge, Nase, Mund, Haar, Hals, Herz, Elle, Wade, Knie, Bein, Zehe, Vene, Ader, Blut, Darm, Popo, Rist, Nerv, Zahn, …*
- Lassen Sie reihum Körperteile mit 5 Buchstaben (in der Einzahl) nennen: *Brust, Bauch, Lende, Rumpf, Braue, Kreuz, Zunge, Blase, Niere, Lunge, Magen, Wange, Aorta, Sehne,…*
- Lassen Sie reihum Körperteile mit 6 Buchstaben (in der Einzahl) nennen: *Muskel, Wirbel, Kiefer, Becken, Gelenk, Daumen, Gaumen, Rachen, Finger, Lippen, Wimper, …*
- Lassen Sie reihum Körperteile mit mehr als 6 Buchstaben (in der Einzahl) nennen: *Knochen, Brustkorb, Steißbein, Ohrmuschel, Trommelfell, Dickdarm, Zwölffingerdarm, Schulter,…*

Bewegungsimpuls
Die Teilnehmenden überkreuzen ihre Füße so, dass abwechselnd der linke bzw. der rechte Fuß oben liegt.

Geistesblitz
„Takt ist die Fähigkeit, einem anderen auf die Beine zu helfen, ohne ihm auf die Zehen zu treten.“ Curt Goetz

Fettaugen & Nasenflügel

Die Teilnehmenden erraten aufgrund der Umschreibungen, um welche Körperteile es geht, die im Lösungsbegriff vorkommen.

- Es ist ein Flügel im Gesicht. *(Nasenflügel)*
- Es ist ein Schlag ins Gesicht. *(Ohrfeige)*
- Es ist ein kleines Musikinstrument *(Mundharmonika)*
- Sie schwimmen auf der Suppe. *(Fettaugen)*
- Damen benutzen ihn sehr oft, wenn sie ausgehen. *(Lippenstift)*
- Es wird vorwiegend von Frauen getragen, wärmt und schmückt. *(Halstuch)*
- Sie werden heute von Männern und Frauen getragen, manchmal mit Trägern *(Beinkleider)*
- Es haben nicht nur Könige und es ist oft nicht aus Gold. *(Zahnkrone)*
- Man kann sich darauf setzen oder etwas abstellen. *(Fußbank)*
- Parkanlagen in der Stadt werden so genannt. *(Grüne Lungen)*
- Jemand, bei dem Pflanzen gut gedeihen, hat ihn. *(Grüner Daumen)*
- Ein kleiner, brauner Fleck wird so genannt. *(Leberfleck)*
- Es ist ein Tisch der 50er Jahre. *(Nierentisch)*
- Wer das Gericht „Himmel und Erde“ mag, dem schmeckt sie. *(Blutwurst)*
- Ein Herr, der seine Dame über alles liebt, nennt sie so. *(Herzdame)*

Weitere Ideen

- Die Teilnehmenden nennen weitere Wörter, in denen ein Körperteil steckt: *Zahnradbahn, Herzblatt, Leberblümchen, Fußpilz, Handgepäck, Handlanger, Daumenschrauben, Knoblauchzehen, Langfinger, Fingerpuppen, Fersengeld, Wadenbeißer, Eisbein, …*
- Die Teilnehmenden verpacken die Begriffe in Fragen und Rätsel und lassen sie erraten.

Bewegungsimpuls

Die Teilnehmenden legen zuerst den rechten Arm über den Kopf und ziehen an ihrem linken Ohr. Dann legen sie den linken Arm über den Kopf und ziehen an ihrem rechten Ohr.

Geistesblitz

„Am leichtesten lässt man sich täuschen, wenn man sich für klüger hält als andere.“

Kopfnüsse

Lesen Sie den Teilnehmenden diese Kopfnuss langsam vor und lassen Sie sie die Lösung finden.

In einem Kurzwarengeschäft sind drei Schubladen mit Knöpfen falsch beschriftet. Auf dem ersten Schild steht: „blaue Knöpfe“, auf dem zweiten steht „schwarze Knöpfe‘ und auf dem dritten Schild steht: „blaue und schwarze Knöpfe“. Sie können in die Schubladen nicht hineinschauen, da sie ganz oben im Schrank sind und Sie zu klein sind. Wie können Sie die Schubladen richtig beschriften, wenn Sie nur einen Knopf aus einer Schublade herausnehmen dürfen?

Lösung: Sie nehmen einen Knopf aus der dritten Schublade mit der Beschriftung „Blaue und schwarze Knöpfe“ heraus. Ist er blau, beschriften Sie die Schublade mit „Blaue Knöpfe‘. Die zweite Schublade beschriften Sie mit „Blaue und schwarze Knöpfe“ und die erste Schublade mit „Schwarze Knöpfe.

Weitere Kopfnüsse

- Es gibt Monate mit 30 und mit 31 Tagen. Wie viele Monate haben 28 Tage? *(alle)*
- Sie haben zwei Banknoten mit einem Gesamtwert von 520 Euro. Eine davon ist kein 20-Euroschein. Welchen Wert haben die einzelnen Geldscheine? *(Sie haben einen 500-Euroschein und einen 20-Euroschein in der Brieftasche.*
- Wie können Sie die Zahl 66 vergrößern, ohne etwas hinzuzufügen? *(Die Zahl 66 auf den Kopf stellen. Dann ist es 99.)*

Bewegungsimpuls
Die Teilnehmenden setzen sich bequem hin, beugen den Kopf leicht nach vorn und legen alle zehn Fingerspitzen auf den Kopf, so als wollten sie ihn waschen. Sie drücken leicht auf die Kopfhaut und bewegen die Finger gleichzeitig in alle Richtungen (ca. 2 Minuten).

Geistesblitz
„Dumme Gedanken hat jeder, aber der Weise verschweigt sie!“ Wilhelm Busch

Kopflaus und Spatzenhirn

Lassen Sie die Teilnehmenden die fehlenden Tiere ergänzen.

Muskel*(kater)*
Ohr*(muschel)*
Nasen*(bär)*
Lungen*(fisch)*
Kopf*(laus)*
Leber*(egel)*

*(Pferde)*fuß
*(Adler-/Luchs)*augen
*(Spatzen)*hirn
*(Katzen)*zunge
*(Hasen)*fuß
*(Esels)*ohren

*(Hamster)*backen
*(Krähen)*füße
*(Gänse)*haut
*(Schafs)*kopf
*(Gams)*bart
*(Frosch)*augen

Weitere Ideen

- Nennen Sie die Tiere und die Teilnehmenden nennen die passenden Körperteile.
- Die Teilnehmenden nennen Tiere von A–Z: *Affe, Bär, Chamäleon, Dachs, Esel, Fuchs, Giraffe, Hamster, Igel, Jaguar, Krokodil, Lama, Maus, Nashorn, Okapi, Puma, Qualle, Rotkehlchen, Sau, Tiger, Vielfraß, Weinbergschnecke, Zebra*
- Lassen Sie die Teilnehmenden die fehlenden Pflanzen und Pflanzenteile ergänzen: Herz*(blatt)*, Haar*(wurzel)*, Kopf*(nuss)*, Fuß*(pilz)*, Blasen*(tang)*
- Die Teilnehmenden nennen Redewendungen, in denen ein Ohr vorkommt: *Jemanden einen Floh ins Ohr setzen – die Ohren spitzen – sich etwas hinter die Ohren schreiben – Ins eine Ohr rein, aus dem anderen hinaus – Noch grün hinter den Ohren sein – Es faustdick hinter den Ohren haben – Viel um die Ohren haben – Die Ohren steifhalten – Bis über beide Ohren verliebt sein – …*

Bewegungsimpuls
Die Teilnehmenden stellen sich aufrecht hin, strecken die Arme nach vorn und ballen ihre Hände zu Fäusten. Nun boxen sie abwechselnd mit links und rechts, während sie die Schrittstellung verändern. Einmal ist der rechte Fuß vorn, einmal der linke.

Geistesblitz
„Eine scharfe Zunge ist das einzige Werkzeug, dessen Schneide durch dauernden Gebrauch schärfer wird."
Washington Irving

Däumelinchen

Lesen Sie diese Märchenabschnitte aus „Däumelinchen“ von Hans Christian Andersen vor und die Teilnehmenden merken sich möglichst viele Einzelheiten.

„Das ist eine wunderhübsche Blume!“, sagte die Frau und küsste sie auf die roten und gelben Blätter; aber gerade, indem sie sie küsste, öffnete die Blume sich mit einem Knall. Es war eine wirkliche Tulpe, wie man nun sehen konnte; aber mitten in der Blume saß auf dem grünen Samengriffel ein ganz kleines Mädchen, so fein und niedlich! Sie war kaum einen halben Daumen hoch, und deshalb wurde sie Däumelinchen genannt.

Eine niedliche, lackierte Wallnussschale bekam sie zur Wiege. Blaue Veilchenblätter waren ihre Matratze und ein Rosenblatt ihr Deckbett. Da schlief sie des Nachts, aber am Tage spielte sie auf dem Tisch, wo die Frau einen Teller hingestellt und ringsum mit einem Kranz von Blumen belegt hatte, deren Stängel im Wasser standen. Darin schwamm ein großes Tulpenblatt, und auf diesem konnte Däumelinchen sitzen und von der einen Seite des Tellers zu der andern fahren. Zum Rudern hatte sie zwei weiße Pferdehaare. Das sah einmal wunderhübsch aus! Sie konnte auch singen, und so fein und niedlich, wie man es noch nie gehört hatte.

Weitere Ideen

- Die Teilnehmenden erzählen gemeinsam einen neuen, fantasievollen Schluss des Märchens.
- Die Teilnehmenden erraten Märchen, in denen bestimmte Körperteile eine Rolle spielen: Ein Mädchen wird am Finger von einer Spindel gestochen *(Dornröschen)* – Einem Tier wird der Bauch aufgeschlitzt *(Rotkäppchen – Die sieben Geißlein)* – Ein schönes Mädchen hat Haare so schwarz wie Ebenholz *(Schneewittchen)* – Ein Junge ist eingesperrt und muss immer wieder seinen Finger zeigen *(Hänsel und Gretel)* – Ein Kind, das in eine Nussschale passt *(Däumelinchen)* – Ein Kind lutscht am Daumen und die Mutter droht mit dem Schneider *(Die Geschichte vom Daumenlutscher aus dem Struwwelpeter)*
- Lassen Sie aufzählen, was außer einer Nussschale noch alles schwimmt: *Feder, Streichholz, Marmeladendeckel, Korken, Blatt, Blüte, Zitrone, Tischtennisball, Holzbrettchen, altes Ei, Papierschiffchen, leere Flasche …*
- Die Teilnehmenden nennen Wörter und Redewendungen, in denen ein Daumen vorkommt: *Daumenballen, Daumennagel, Daumenschrauben, daumenbreit, daumendick, Daumenlutscher, den Daumen drücken, einen grünen Daumen haben, Daumen/Däumchen drehen, über den Daumen peilen, Pi mal Daumen, zwischen Daumen und Zeigefinger, …*

Bewegungsimpuls

Die Teilnehmenden falten und öffnen die Hände immer wieder möglichst schnell. Abwechselnd liegen der linke bzw. der rechte Daumen oben.

Geistesblitz

„Das Kind im Mensch muss lebendig bleiben, wenn er schöpferisch sein will.“ Erich Kästner

---

Scherzfragen

Lesen Sie diese Scherzfragen vor. Die Teilnehmenden erraten die Lösungen und lachen gemeinsam.

- Wohin schlägt jeder Mensch den ersten Nagel? *(auf den Kopf)*
- Welcher Stand ist der beste? *(der Verstand)*
- Welche Bäume darf jeder schlagen? *(Purzelbäume)*
- Wer hat sein Herz im Kopf? *(Kopfsalat)*
- Welche Nuss kann man nicht essen? *(Kopfnuss)*
- Wer hat Zähne und kann doch nicht beißen? *(Löwenzahn)*
- Wer spricht in allen Sprachen? *(Echo)*

Weitere Ideen

- Lassen Sie Wörter nennen, die mit „kopf“ enden: *Nadelkopf, Nagelkopf, Salatkopf, Brausekopf, Notenkopf, Bandenkopf, …*
- Lassen Sie Wörter nennen, die mit „Kopf“ beginnen: *Kopfnuss, Kopfwäsche, Kopfweh, Kopfstand, Kopfbahnhof, Kopfball, Kopfgeld, …*
- Die Teilnehmenden nennen Redewendungen mit „legen“: *Die Hand für jemanden ins Feuer legen – Sich auf die faule Haut legen – Nicht die Gans schlachten, die goldene Eier legt – …*
- Lassen Sie Wörter nennen, die mit „legen“ enden: *ablegen, vorlegen, verlegen, belegen unterlegen, überlegen, hinterlegen, auflegen, anlegen, …*
- Die Teilnehmenden nennen reihum Sätze, in denen etwas gelegt wird: *Ich lege meinen Mantel ab. – Ich verlege ständig meine Brille.*
- Die Teilnehmenden nennen Sätze, in denen das Wort „binden“ vorkommt: *Ich binde Emil einen Bären auf. – Ich binde meine Schuhe zu.*

Bewegungsimpuls

Die Teilnehmenden klatschen abwechselnd mit überkreuzten Armen auf die Brust und auf die Oberschenkel.

Geistesblitz

„Wir lieben die Menschen, die frei heraussagen, was sie denken – falls sie das gleiche denken wie wir.“
Mark Twain

Herzen im Sturm erobern

Lassen Sie die Teilnehmenden diese Redewendungen ergänzen.

- Sich ein Herz *(fassen)*
- Sein Herz für etwas *(entdecken)*
- Das Herz an etwas *(hängen)*
- Jemandem schlägt das Herz *(bis zum Hals)*
- Alles, was das Herz *(begehrt)*
- Ein Herz und *(eine Seele sein)*
- Jemandem sein Herz *(ausschütten)*
- Sein Herz in beide *(Hände nehmen)*

Geistesblitz
„Die größte Stärke der Narren ist es, dass sie keine Angst haben, Dummheiten zu sagen." Jean Cocteau

Weitere Ideen

- Lassen Sie weitere Redewendungen und Sprichwörter mit „Herz" nennen: *Jemandem (fliegen) alle Herzen zu – Jemandem blutet das Herz – Jemandem lacht das Herz im Leibe – ...*
- Lassen Sie Wörter nennen, die mit „Herz" beginnen oder enden: *Herzblatt, Herzstück, Schokoladenherz, Artschockenherz, Salatherz, Löwenherz, ...*
- Die Teilnehmenden nennen Wörter, in denen ein „herz" versteckt ist. Diese Wörter haben nichts mit dem Herzen zu tun: *Scherz, Herzog, Bücherzahl, Fischerzunft, Lauscherzahlen, Forscherzukunft, Kutscherzugpferde, ...*
- Gesucht werden Lieder, in denen das „Herz" vorkommt: *Geh aus mein Herz – Du, du liegst mir am Herzen – Wach auf, meines Herzens Schöne – Kein Feuer, keine Kohle kann brennen so heiß – Dein ist mein ganzes Herz – Ach, wie so trügerisch sind Frauenherzen – Ich hab' mein Herz in Heidelberg verloren – Zwei Herzen im Dreivierteltakt – Ich brech' die Herzen der stolzesten Frau'n*

Bewegungsimpuls
Die Teilnehmenden malen mit beiden Händen gleichzeitig ein großes Herz auf den Tisch und zwar mit der linken Hand linksherum und mit der rechten Hand rechtsherum.

Einen guten Riecher haben

Lesen Sie diese Gedichtzeilen aus „Kritik des Herzens“ von Wilhelm Busch im Original, ohne die unterstrichenen Wörter, vor und die Teilnehmenden erinnern sich an möglichst viele Einzelheiten.

Ich wusste …
Ich wusste, sie, meine Holde, ist in der Küchen.
Ich verliebter Narr bin ihr leise nachgeschlichen.
Ich wollt' ihr ew'ge Treue schwören
Und fragen, willst du meine große Liebe mir gehören?
Auf einmal aber stutzte ich.
Sie kramte emsig zwischen dem Gewürze;
Dann schnäuzte sie, die Wunderbare und putzte sich
Die Nase mit der karierten Schürze.
Wilhelm Busch

Weitere Ideen

- Lesen Sie das Gedicht noch einmal vor und die Teilnehmenden finden heraus, welche Wörter dazu gedichtet worden sind (die unterstrichenen Wörter sind ergänzt).
- Die Teilnehmenden bilden Sätze, die beginnen „Ich wusste, …
- Lassen Sie Sätze mit den unterstrichenen Wörtern bilden.
- Was riecht und duftet besonders? Die Teilnehmenden nennen Gerüche/Düfte von A–Z: *Anis, Basilikum, Calendula, Dahlie, Eukalyptus, Jasmin, Lavendel, Moschus, Nelke, Orange, Pfefferminz, Rose, Salbei, Vanille, Wacholder, Zimt.*

Bewegungsimpuls

Die Teilnehmenden zeigen mit beiden Zeigefingern auf ihre Nasenlöcher, während ihre Arme überkreuzt sind. Abwechselnd sind der linke Arm bzw. der rechte Arm vorn.

Geistesblitz

„Witz ist das Niesen des Gehirns. Dabei ist ein immer witziger Mensch genauso unausstehlich wie ein Kerl mit chronischem Schnupfen, aber ohne Taschentuch.“ Alfred Polgar

Es geht um Kopf und Kragen

Lesen Sie diese Fragen vor und lassen Sie die Teilnehmenden die Antworten nennen.

- Was geht mir unter die Haut?
- Wo kann jemand zu Fuß hingehen?
- Was zergeht auf der Zunge?
- Wer soll jemandem aus den Augen gehen?
- Wer oder was geht jemandem nicht aus dem Kopf?
- Wer geht jemandem um den Bart?
- Warum geht man jemandem an die Hand?
- Wann geht man auf dem Zahnfleisch?
- Wann geht man auf Freiersfüßen?

Geistesblitz
„Ein Scherz, ein lachend Wort entscheidet oft die größten Sachen treffender und besser als Ernst und Schärfe." Horaz

Weitere Ideen

- Lassen Sie Möglichkeiten nennen, wie ein Mensch von A nach B gelangen kann: *Gehen, Rennen, Tanzen, Torkeln, Robben, Kriechen, Rutschen, Marschieren, Hüpfen, Springen, Rollen, auf Zehenspitzen balancieren, rückwärts laufen, in der Hocke gehen,...*
- Die Teilnehmenden nennen weitere Redewendungen, in denen „gehen" vorkommt: *Das geht wie am Schnürchen – Wie auf Eiern gehen – In die Luft gehen – Auf die Barrikaden gehen, ...*
- Die Teilnehmenden setzen bei den folgenden Sätzen, die fehlenden Wörter ein:
  - Wenn der Hefekuchen nicht richtig *(aufgeht)*, wird er hart.
  - Er wird die Sache mutig *(angehen).*
  - Der Opa *(begeht)* seinen achtzigsten Geburtstag.

Bewegungsimpuls
Lassen Sie die Teilnehmenden bewusst lächeln! Wenn Menschen lachen oder lächeln, ziehen sie die Mundwinkel nach oben. Diese Muskelbewegung signalisiert dem Gehirn eine positive Stimmung. Und: Lachen ist richtig „schwere Arbeit" – dabei werden mehr als 100 Muskeln trainiert!

Kleidung

Kleider machen Leute

Lesen Sie die folgenden Titel vor und die Teilnehmenden klären, um welche Geschichten es sich handelt.

- Kleider machen Leute *(Erzählung von Gottfried Keller)*
- Lederstrumpf *(Romanfolge von James F. Cooper)*
- Des Kaisers neue Kleider *(Märchen von Hans Christian Andersen)*
- Der gestiefelte Kater *(Märchen von den Gebrüdern Grimm)*

Weitere Ideen

- Lesen Sie die Titel noch einmal vor und die Teilnehmenden merken sich möglichst viele Einzelheiten oder die Titel in der vorgelesenen Reihenfolge.
- Lassen Sie Märchen, Geschichten, Romane nennen, in denen Kleidung vorkommt: *„Das Halstuch" (Kriminalroman von Francis Durbridge) – „Die Hose" (Schauspiel von Carl Sternheim)*
- Die Teilnehmenden nennen Begriffe, die mit „...kleidung" enden: *Wandbekleidung, Umkleideraum, Verkleidung, Auskleidung, ...*

Bewegungsimpuls

Lassen Sie die Teilnehmenden einen Fantasiekleiderschrank öffnen. Sie sollen sich dabei strecken, ein hellblaues Hemd herausnehmen und aufs Bett legen. Danach entnehmen sie eine Krawatte aus dem obersten Fach und die goldenen Manschettenknöpfe aus der untersten Schublade der Frisierkommode. Danach klatschen alle in die Hände.

Geistesblitz

„Die Kunst, Zeit zu haben, ist auch die Kunst, sich die Leute vom Leibe zu halten, die uns die Zeit stehlen."   Emil Oesch

Renate ordert charmant Kaffee.

Lesen Sie diese Sätze vor und lassen Sie Kleidungsstücke nennen, die entstehen, wenn man die Anfangsbuchstaben der Wörter zusammensetzt: **R***enate* **o***rdert* **c***harmant* **K***affee (Rock)*

- **H**elden **u**nternehmen **T**ouren. *(Hut)*
- **H**einrich **e**ntdeckt **m**ittelgroße **D**orsche. *(Hemd)*
- **B**erta **l**äuft **u**nter **S**eebrücken **e**ntlang. *(Bluse)*
- **H**arte **O**stereier **s**ind **e**kelig. *(Hose)*
- **P**aul **u**nd **L**ouis **l**esen **o**der **v**erfolgen **e**inen **R**äuber. *(Pullover)*
- **Sch**upos **u**mstellen **H**äuser. *(Schuh)*

Weitere Ideen

- Lesen Sie alle Sätze langsam vor und die Teilnehmenden merken sich die Namen oder Kleidungsstücke in der vorgelesenen Reihenfolge.
- Lassen Sie lustige Sätze mit weiteren Kleidungsstücken *(Jeans, Shirt, Stiefel, Krawatte, Pantoffel, Strümpfe, Sandalen,...)* bilden, die entstehen, wenn man die Anfangsbuchstaben der Wörter zusammensetzt
- Die Teilnehmenden nennen unterschiedliche Kleider: *Hauskleider, Beinkleider, Festkleider, ...*

Bewegungsimpuls

Bitten Sie die Teilnehmenden, sich vorzustellen, auf dem Tisch vor ihnen läge eine Strickjacke mit sieben Knöpfen. Die Teilnehmenden „nehmen" die Strickjacke, ziehen sie an und knöpfen sie zu.

Geistesblitz

„Jedermann nimmt die Grenzen seines eigenen Horizontes für die Grenzen der Welt." Arthur Schopenhauer

Mach dich auf die Socken

Die Teilnehmenden finden heraus, was bei diesen Redewendungen nicht stimmt.

- Sich auf den Stuhl *(Hosenboden)* setzen
- Mach dich auf die Berge *(Socken)*
- Hinter jeden Polizisten *(Rock)* herlaufen
- Vor jemandem Angst *(Manschetten)* haben
- Das bleibt nicht in den Schränken *(Kleidern)* hängen
- Jemandem etwas in die Taschen *(Schuhe)* schieben

Weitere Ideen

- Die Teilnehmenden nennen weitere Redewendungen, in denen Kleidungsstücke vorkommen.
- Die Teilnehmenden bilden eine Satzkette mit Kleidungsstücken: *Ich trage gern Wollpullover. Wollpullover sind warm. Warme Mäntel sind dick. Dicke Jacken sind schwer. Schwere Schuhe sind z.B. Schischuhe.*
- Lassen Sie Begriffe nennen, in denen Kleidungsstücke vorkommen: *Hosenträger, Sockenschuss, Regenmantel, Faulpelz, Hemdkragen, Hausschuh, Kleiderbügel, Hutkrempe, Jackenknopf, …*

Bewegungsimpuls

Die Teilnehmenden stellen sich vor, sie kämen von einer Verabredung und stehen jetzt vor dem Spiegel im Flur. Sie knöpfen die 5 silbernen Knöpfe ihres blauen Mantels auf, nehmen den Hut ab und legen ihn auf die Hutablage. Sie hängen den bunten Schal an den Haken. Sie schlüpfen aus ihren schwarzen Schuhen und streifen die roten Handschuhe ab.

Geistesblitz

„Am Anfang gehören alle Gedanken der Liebe. Später gehört alle Liebe den Gedanken.“
Albert Einstein

Kleiderrätsel

Lesen Sie diese Rätsel vor:

Ich bin meistens gelb, werde oft sehr schmutzig und nass, während mein Besitzer sauber bleibt. *(Gummihandschuhe)*

Ich bin kurz oder lang. Ich bin aus unterschiedlichem Material. Ich habe manchmal Falten. Ich werde auch von Schotten getragen. *(Rock)*

Ich bin nur im Haus. Im Winter bin ich oft kuschelig. Ich gebe manchen Helden meinen Namen. *(Pantoffel)*

Ich bin klein und liebe festliche Anlässe. Ich werde von einigen Männern aber auch täglich getragen. Oft bin ich schwarz aber es gibt mich auch in anderen Farben. *(Fliege)*

Weitere Ideen

- Die Teilnehmenden beschreiben reihum die Kleidung einer Fantasieperson und alle merken sich Farben und Besonderheiten.
- Lassen Sie die Teilnehmenden von ihren Lieblingskleidungsstücken erzählen.
- Die Teilnehmenden erzählen von Kleidungsstücken in der Kindheit.
- Lassen Sie andere Kleidungsstücke in Rätsel verpacken.

Bewegungsimpuls
Die Teilnehmenden stellen sich vor, sie hätten einen Zylinder auf dem Kopf und einen Stockschirm in der linken Hand. Mit der rechten Hand nehmen sie nun dreimal ihren Hut ab, während sie den Regenschirm dreimal hochhalten und wieder hinstellen.

Geistesblitz
„Alles, was an großen Dingen in der Welt geschieht, vollzieht sich zuerst in der Fantasie eines Menschen.“ Astrid Lindgren

Mit Schirm, Charme und Melone

Nennen Sie die folgenden Buchstaben und die Teilnehmenden sagen die passenden Schirme.

Da(menschirm)	**He**(rrenschirm)
Re(genschirm)	**So**(nnenschirm)
St(ockschirm)	**Fa**(llschirm)
Ta(schenschirm)	**Wa**(ndschirm)
La(mpenschirm)	**Bi**(ldschirm)
Of(enschirm	**Wi**(ndschirm)
Ra(darschirm)	**Rö**(ntgenschirm)
Gl(eitschirm)	**Mü**(tzenschirm)
Fe(rnsehschirm)	**Co**(cktailschirmchen)

Weitere Ideen

- Die Teilnehmenden nennen Möglichkeiten, wozu man einen Regenschirm noch benutzen kann außer zum Schutz vor Regen: *Spazierstock, zur Verteidigung, um Obst vom Baum zu holen, um etwas aus dem Wasser zu fischen, um sich vor der Sonne zu schützen, …*
- Lassen Sie mit den unterschiedlichen Schirmen Sätze bilden.
- Lassen Sie Wörter bilden, in denen wie in Charme Wörter versteckt sind.
- Die Teilnehmenden nennen reihum Wörter, die mit „Schi“, „Cha“ oder „Me“ beginnen: *Schirm, Schimmer, Schild, Schindel, Schiff, Schinken, Schimmel, Schiller, Schilf – Charme, Charakter, Champagner, Charge, Charta, Chagall – Meer, Messe, Meter, melken, Mehl, meckern, melden, Melange, Meppen, mega, …*

Bewegungsimpuls

Bitten Sie die Teilnehmenden, sich vorzustellen, es regne in Strömen. Da sie keinen Schirm dabei haben, ziehen sie ihren Mantel über den Kopf und zwar dreimal.

Geistesblitz

„Wie gut hatte es Adam. Wenn er etwas Gutes sagte, konnte er sicher sein, dass es niemand vor ihm gesagt hatte.“ Mark Twain

Kleider in der Truhe

Die Teilnehmenden stellen sich vor, wie sie aus einer Truhe Kleidungsstücke nehmen und merken sie sich in der genannten Reihenfolge.

- Schwarzes Samtkleid *(und goldene Pumps)*
- Rotes Seidenminikleid *(mit weißem Chiffonschal)*
- Gelbes Tüllkleid *(mit glitzernden Pailletten)*
- Weißer Smoking *(und lilafarbene Schuhe)*
- Himmelblaues Organzakleid *(und rosa Tüllkappe)*
- Bayerischer Trachtenanzug *(mit Federhut)*
- Tannengrünes Dirndl *(mit bunter Schürze)*
- Schwarzer Anzug *(und türkisfarbene Krawatte)*
- Schottischer Kilt *(und ein Dudelsack)*

Weitere Ideen

- Nennen Sie die Kleidung und die Teilnehmenden ergänzen ein Kleidungsstück.
- Lesen Sie alle Kleidungsstücke vor und die Teilnehmenden merken sie sich.
- Die Teilnehmenden nennen reihum weitere farbige Kleidungsstücke und alle merken sich die Kleidungsstücke.
- Lassen Sie die genannten Kleidungsstücke genau beschreiben.
- Lassen Sie reihum Farben von A–Z nennen: *Apfelgrün, Bananengelb, Chilirot, Dunkelblau, Eichenbraun, Fliederfarben, Ginstergelb, Himmelblau, Ingwergelb, Jadegrün, Kakaobraun, Lachsrosa, Mintfarben, Nachtblau, Orangenrot, Pflaumenblau, Quittengelb, Rosinenbraun, Schneeweiß, Tannengrün, Umbrafarben, Veilchenblau, Weinrot, Zimtbraun*

Bewegungsimpuls
Die Teilnehmenden nehmen eine Fantasieschürze vom Haken, binden sie sich um und machen hinter dem Rücken eine große Schleife.

Geistesblitz
„Nur mit dem Unmöglichen als Ziel kommt man zum Möglichen.“ Hermann Hesse

Da geht mir der Hut hoch

Lesen Sie die Anfänge dieser Redewendungen vor und die Teilnehmenden ergänzen das Ende.

- Das geht mir über die *(Hutschnur)*
- Da platzt mir doch der *(Kragen)*
- Den Mantel des *(Schweigens über etwas legen)*
- Jemandem ist das Hemd *(näher als die Hose)*
- Sein letztes Hemd *(hergeben)*
- Sich etwas an den *(Hut stecken)*
- Das geht in *(die Hose)*

Weitere Ideen

- Nennen Sie den zweiten Teil der Redewendungen und die Teilnehmenden nennen den ersten Teil.
- Lassen Sie Sätze mit den unterstrichenen Wörtern bilden.
- Die Teilnehmenden nennen reihum unterschiedliche Kopfbedeckungen: *Sonnenhut, Filzhut, Strohhut, Schlapphut, Melone, …*
- Lassen Sie Wörter bilden, die mit „Hut“ beginnen: *Hutschnur, Hutband, Hutkrempe, Hutfeder, Hutschachtel, Hutnadel, Hutladen, …*
- Nennen Sie diese farbigen Kopfbedeckungen und die Teilnehmenden merken sie sich möglichst in der genannten Reihenfolge: *Kornblumenblaue Baskenmütze –moosgrüner Tirolerhut – türkisfarbener Turban – buntes Kopftuch – schwarzer Zylinder – rosa Tüllkappe – schneeweiße Kochmütze – gelber Sonnenhut – feuerrote Baseballkappe – weißer Strohhut*

Bewegungsimpuls
Lassen Sie die Teilnehmenden mit der linken Hand drei unterschiedlich große Hüte in die Luft malen.

Geistesblitz
„Kleider sind Waffen, mit denen die Schönen streiten und die sie – gleich den Soldaten – nur dann abwerfen, wenn sie überwunden sind.“ Jean Paul

Hausmittelchen rund um Kleidung

Lesen Sie die folgenden Behauptungen vor und die Teilnehmenden entscheiden, ob sie richtig oder falsch sind.

- Betten werden in praller Sonne besonders sauber. (f)
  - Die pralle Sonne schädigt die Federn!
- Fettflecken auf Kleidungsstücken verschwinden, wenn man Kartoffelstärke darauf streut und nach fünf Minuten wieder ausbürstet. (r)
- Buntwäsche färbt bei der ersten Wäsche nicht aus, wenn man dem Wasser einen Schuss Essig beifügt. (r)
- Wenn man Schmutz- und Fettränder an Hemdkragen vor dem Waschen mit Babyshampoo einreibt, verschwinden sie. (r)
- Rotweinflecken sollten sofort dick mit Zucker bestreut werden, damit sie verschwinden. (f)
  - Rotweinflecken behandelt man mit Salz!

Weitere Ideen

- Lassen Sie die Teilnehmenden weitere Hausmittelchen für den Haushalt richtig oder falsch beschreiben. Die anderen Teilnehmenden entscheiden, ob es stimmt oder nicht.
- Lassen Sie Wörter nennen, die mit „Kleider“ beginnen: *Kleiderbügel, Kleiderständer, Kleiderstoff, Kleidersack, Kleidergürtel, Kleiderstange, ...*

Bewegungsimpuls
Die Teilnehmenden stellen sich vor, dass sie eine Nadel zuerst zwischen Daumen und Zeigefinger, dann zwischen Daumen und Mittelfinger, danach zwischen Daumen und Ringfinger und schließlich zwischen Daumen und kleinem Finger halten. Die Teilnehmenden wechseln die Fantasienadel ganz schnell hin und her.

Geistesblitz

„Schwierigkeiten in der Ehe beginnen meistens damit, dass der eine Teil zu viel redet und der andere zu wenig zuhört.“ Curt Goetz

Jackentaschen – Taschenuhr

Die Teilnehmenden ergänzen diese Kleidungsstücke. Die Begriffe in den Klammern sind Beispiele. Es können auch andere Wörter gesagt werden.

Kleider*(schrank – Schranktür)*
Hut*(feder – Federbett)*
Hosen*(knopf – Knopfleiste)*
Strumpf*(hosen – Hosenträger)*
Socken*(fabrik – Fabrikbesitzer)*
Schuh*(band – Bandwurm)*

Jacken*(taschen – Taschenuhr)*
Mantel*(saum – Saumbreite)*
Pullover*(ärmel – Ärmelschoner)*
Blusen*(muster – Mustervorlage)*
Hemd*(kragen – Kragenspitze)*

Weitere Ideen

- Lassen Sie die Teilnehmenden weitere Wörter finden, die den Anfang und das Ende eines zusammengesetzten Begriffes bilden können.
- Die Teilnehmenden merken sich die Wörter in der genannten Reihenfolge („Kofferpacken").
- Die Teilnehmenden nennen Kleidungsstücke von A–Z: *Anorak, Bikini, Cape, Dirndl, Einreiher, Filzhut, Gamaschenhose, Handschuhe, Inuitstiefel, Jacke, Kappe, Lederhose, Matrosenanzug, Nachthemd, Oberhemd, Pyjama, Regenmantel, Schal, Trenchcoat, Umhang, Velourjacke, Weste, Zylinder.*

Bewegungsimpuls
Die Teilnehmenden malen mit beiden Händen gleichzeitig eine Blume in die Luft.

Geistesblitz
„Will man Schweres bewältigen, muss man es leicht angehen."
Bertolt Brecht

Rotkäppchen – Märchen der Gebrüder Grimm

Lesen Sie diesen Märchentext „Rotkäppchen" von den Gebrüdern Grimm vor und die Teilnehmenden merken sich möglichst viele Einzelheiten.

Es war einmal ein kleines, süßes Mädchen, das hatte jedermann lieb, der sie nur ansah, am allerliebsten aber ihre Großmutter, die wusste gar nicht, was sie alles dem Kinde geben sollte. Einmal schenkte sie ihm ein Käppchen von rotem Samt, und weil ihm das so wohl stand, und es nichts anderes mehr tragen wollte, hieß es nur das Rotkäppchen. Eines Tages sprach seine Mutter zu ihm: »Komm, Rotkäppchen, da hast du ein Stück Kuchen und eine Flasche Wein, bring das der Großmutter hinaus; sie ist krank und schwach und wird sich daran laben. Mach dich auf, bevor es heiß wird, und wenn du hinauskommst, so geh hübsch sittsam und lauf nicht vom Wege ab, sonst fällst du und zerbrichst das Glas, und die Großmutter hat nichts. Und wenn du in ihre Stube kommst, so vergiss nicht, guten Morgen zu sagen und guck nicht erst in allen Ecken herum!"

Weitere Ideen

- Stellen Sie Fragen zum Text: Aus welchem Stoff ist das rote Käppchen? Warum soll Rotkäppchen den Weg nicht verlassen? Was bringt Rotkäppchen der Großmutter mit? Was soll Rotkäppchen nicht machen, wenn sie in die Stube der Großmutter kommt? Was soll Rotkäppchen bei der Großmutter nicht vergessen?
- Die Teilnehmenden erzählen gemeinsam einen neuen, fantasievollen Schluss des Märchens.
- Die Teilnehmenden nennen Dinge, die rot sind: *Ampel, Blut, Kreuz, Rosen, Wein, Paprika, Tomate, Erdbeere, Himbeere, Tuch des Stierkämpfers, Stoppschild,...*
- In welchen Märchen sind Kleidungsstücke wichtig? *Aschenputtel (Kleid für das Prinzenfest), Schneewittchen (Zipfelmützen der 7 Zwerge), ...*
- Lesen Sie den Märchentext noch einmal vor und die Teilnehmenden zählen alle Wörter, die ein „ä oder „ü" enthalten bzw. alle Wörter, die mit „G" oder „K" beginnen.

- Die Teilnehmenden erzählen gemeinsam Märchen, in denen Kleidungsstücke vorkommen.
- Lassen Sie Begriffe nennen, die mit Rot beginnen: *Rotalge, Rotdorn, Rotbuche, Rotbarsch, rotbäckig, Rotblindheit, Rothaargebirge, Rothaut, Rothirsch, Kaiser Rotbart Rote Beete, Rote Zahlen, Roter Platz, Rotes Meer, ...*
- Lassen Sie die Teilnehmenden aufzählen, aus welchem Material das rote Käppchen sein könnte: *Wolle, Baumwolle, Cord, Filz, Flanell, Chiffon, Tüll, Leinen, Seide, ...*

Bewegungsimpuls
Die Teilnehmenden schreiben den Titel eines Märchens mit dem linken Fuß groß in die Luft.

Geistesblitz

„Verbringen Sie die Zeit nicht mit der Suche nach einem Hindernis. Vielleicht ist ja keines da.“ Franz Kafka

Hosenspanner & Handtuchhalter

Lassen Sie „Berufe“ nennen, die keine sind.

- *(Handtuch-/Strumpf)*halter
- *(Hosen)*träger
- *(Fliegen)*fänger
- *(Korken)*zieher
- *(Pfannen)*wender
- *(Flugzeug)*träger
- *(Flaschen)*öffner
- *(Locken)*wickler
- *(Licht)*schalter
- *(Taschen)*messer
- *(Hosen)*spanner
- *(Torten)*heber

Weitere Ideen

- Die Teilnehmenden nennen weitere „Berufe“, die keine sind.
- Lassen Sie Wörter mit „Hose“ nennen: *Hosenanzug, Hosenrock, Hosenlatz, Hosenmatz, Hosenboden, Hosenladen, Hosenbund, Hosenknopf, Hosennaht, ...*
- Lesen Sie die folgenden Redewendungen vor und die Teilnehmenden nennen die Berufe: *Mit heißer Nadel genäht (Schneider) – Kleine Brötchen backen (Bäcker) – Wo gehobelt wird, da fallen Späne (Tischler) – Man muss das Eisen schmieden, solange es heiß ist (Schmied), ...*
- Die Teilnehmenden nennen weitere Redewendungen, in denen Berufe vorkommen: *Viele Köche verderben den Brei – Den Bock zum Gärtner machen – Herein, wenn's kein Schneider ist – Aus dem Schneider sein – Zeigen, wo der Zimmermann ein Loch gelassen hat – Was der Bauer nicht kennt, das isst er nicht – Schuster, bleib bei deinen Leisten, ...*
- Nennen Sie einen Beruf und die Teilnehmenden bilden einen Satz, bei dem möglichst viele Wörter mit dem Anfangsbuchstaben des Berufes beginnen: *Bäcker Baier backt billiges, braunes Brot, bröselige Brötchen, Brezeln, Butterkuchen*

Bewegungsimpuls
Die Teilnehmenden haben zum Kaffeeklatsch eingeladen und geben nun jedem ihrer sieben Gäste mit dem Tortenheber ein Stück von der leckeren Torte auf den Teller.

Geistesblitz
„Der Mensch ist das einzige Tier, das sich für einen Menschen hält.“
Thomas Niederreuther

Weberknechte & Spinnenbeine

Lassen Sie den ersten Teil der folgenden Wörter nennen.

- *(Weber)*knecht
- *(Spinnen)*beine
- *(Näh/Web)*maschine
- *(Strick)*liesel
- *(Häkel)*nadel
- *(Stepp)*decke
- *(Stick)*rahmen
- *(Näh/Strick)*zeug
- *(Web)*stuhl
- *(Strick)*leiter
- *(Häkel)*stola
- *(Spinn)*rad
- *(Stepp)*tanz

Weitere Ideen

- Die Teilnehmenden nennen weitere Begriffe: *Nähgarn, Nähfaden, Nähkorb, Näherin, Nähstube, Nähtisch, Nähkasten, Nähstich, Nähfuß, Nähseide, Nähkurs, Näharbeit, Nähzimmer, Webfehler, Webgarn, Webkamm, Webware, Webkante, Webkunst, Webstoff, Webarbeit, Webervogel, Strickart, Stricknadel, Strickgarn, Strickkurs, Strickmode, Strickjacke, Strickrock, Strickkleid, Strickweste, Strickmasche, Häkelmode, Häkeldecke, Häkelmütze, Häkeltechnik, Steppe, Steppke, Steppjacke, …*
- Lassen Sie Geschichten und Lieder nennen, in denen gesponnen, genäht, gestrickt oder gewebt wird: *Rumpelstilzchen (Stroh wird zu Gold gesponnen)/Dornröschen (sticht sich am Spinnrad), …*

Bewegungsimpuls

Lassen Sie heute mal mit Fantasienadeln stricken. Die Teilnehmenden halten ihr Strickzeug abwechselnd vor dem Körper und über den Kopf.

Geistesblitz

„Manche Menschen wollen immer nur glänzen, obwohl sie keinen Schimmer haben.“ Heinz Erhardt

Scherzfragen

Lesen Sie die folgenden Scherzfragen vor und lassen Sie die Teilnehmenden antworten.

- In welchen Kleidern geht die Sonne unter? *(in Westen)*
- Was hat zwei Beine und kann aber nicht gehen? *(die Hose)*
- Welcher Hut passt auf keinen Kopf? *(der Fingerhut)*
- Welches ist die gefährlichste Hose? *(die Windhose)*
- Welcher Pelz wärmt weder Mensch noch Tier? *(der Faulpelz)*
- Welches Kleidungsstück hat die meisten Abnehmer? *(der Hut)*
- Was ist das unruhigste Kleidungsstück? *(der Strampler)*
- Welche Watte ziert den Herrn? *(die Krawatte)*
- Welcher Zug hat keine Räder? *(der Anzug/der Durchzug)*
- Was hat zwei Eingänge, und wenn man mit den Füßen schon draußen ist, ist man erst richtig drinnen? *(die Hose)*

Weitere Ideen

- Die Teilnehmenden nennen weitere Scherzfragen: Was wird beim Trocknen nass? *(das Handtuch)*/Welches ist das älteste Musikinstrument? *(Ziehharmonika – sie hat die meisten Falten)*/Wann ist die Butter am fröhlichsten? *(Wenn sie ausgelassen ist)*/Mit welchem Stahl kann man keine Brücken bauen? *(Diebstahl)*/Wie heißt der höflichste Fisch? *(Bückling)*/Wie heißt der klebrigste Vogel? *(Uhu)*.
- Lassen Sie eine Wörterkette bilden, die mit Latzhosen beginnt: *Latzhosen – Hosenrock – Rockbügel – Bügelfalten – Faltenrock – Rockzipfel – Zipfelmütze – Mützenwolle – Wollpullover – …*

Bewegungsimpuls
Die Teilnehmenden halten in jeder Hand ein Fantasie-Handtuch an einem Zipfel und schwingen es kreisend durch die Luft.

Geistesblitz
„Wenn man die Ruhe nicht in sich selbst findet, ist es umsonst, sie anderswo zu suchen.“
Francois de la Rochefoucauld

Held & Kino & Tierchen

Bei jeweils drei Begriffen gehört das gleiche Wort davor: Held & Kino & Tierchen = *Pantoffel* (es gibt Pantoffelhelden, Pantoffelkino und Pantoffeltierchen). Lesen Sie jeweils drei Begriffe vor und die Teilnehmenden nennen das gemeinsame Wort.

- Bügel & Stange & Schrank *(Kleider)*
- Bund & Träger & Knopf *(Hosen)*
- Band & Hose & Halter *(Strumpf)*
- Kragen & Futter & Taschen *(Mantel)*
- Schuss & Paar & Farbe *(Socken)*
- Geschäft & Matz & Fabrik *(Hemden)*
- Schnur & Feder & Krempe *(Hut)*
- Löffel & Einlage & Band *(Schuh)*
- Musik & Zipfel & Länge *(Rock)*

Weitere Ideen

- Nennen Sie ein „Nach"wort und die Teilnehmenden nennen das „Vor"wort.
- Nennen Sie ein „Nach"wort und die Teilnehmenden bilden reihum Wörter, die mit diesem Wort beginnen: *Taschen*tuch, *Taschen*lampe, *Taschen*leder, *Taschen*farbe, ...
- Lassen Sie andere Bezeichnungen für Pantoffeln nennen: *Hausschuhe, Schlappen, Latschen, Pantinen, Puschen, Schluffen, ...*
- Die Teilnehmenden bilden reihum Sätze mit den drei Begriffen.

Bewegungsimpuls
Die Teilnehmenden tragen Fantasie-Pantoffeln. Einen Pantoffel ziehen sie nun aus und erschlagen damit eine Mücke an der Wand. Es gibt sieben Mücken ...

Geistesblitz
„Es ist besser, ein eckiges Etwas zu sein als ein rundes Nichts!"
Christian Friedrich Hebbel

Grün, grün, grün sind alle meine Kleider

Singen Sie mit den Teilnehmenden dieses Lied.

Grün, grün, grün sind alle meine Kleider
grün, grün, grün, ist alles was ich hab.
Darum lieb ich alles, was so grün ist,
weil mein Schatz ein Jäger ist.

Blau, blau, blau sind alle meine Kleider
blau, blau, blau ist alles, was ich hab.
Darum lieb ich alles, was so blau ist,
weil mein Schatz ein Matrose ist.

Weiß, weiß, weiß sind alle meine Kleider
weiß, weiß, weiß ist alles, was ich hab.
Darum lieb ich alles, was so weiß ist,
weil mein Schatz ein Bäcker ist.

Schwarz, schwarz, schwarz sind alle meine Kleider
schwarz, schwarz, schwarz ist alles, was ich hab.
Darum lieb ich alles, was so schwarz ist,
weil mein Schatz ein Schornsteinfeger ist.

Bunt, bunt, bunt sind alle meine Kleider
bunt, bunt, bunt ist alles, was ich hab.
Darum lieb ich alles, was so bunt ist,
weil mein Schatz ein Maler ist.

Weitere Ideen

- Die Teilnehmenden nennen weitere Lieder, in denen Farben vorkommen: *Im weißen Rössel am Wolfgangsee – Wenn der weiße Flieder wieder blüht – Schneeflöckchen, Weißröckchen – Blau, blau, blau blüht der Enzian – Gold und Silber lieb ich sehr, ...*
- Lassen Sie Berufe von A–Z nennen: *Architekt, Bäcker, Chirurg, Dachdecker, Elektriker, Friseur, Glasbläser, Hotelier, Ingenieur, Jäger, Kellner, Lehrer, Maurer, Notar, Organist, Pfarrer, Quacksalber, Rechtsanwalt, Schornsteinfeger, Tischler, U-Boot Kapitän, Vogelzüchter, Weber, Zahnarzt*
- Die Teilnehmenden nennen Kleidungstücke, in denen die Buchstaben des Wortes „Pulli" nicht vorkommen: *Hemden, Jacken, Hosen, Westen, Socken, Shorts, Rock, Jeans, Kaftan, Sarong, Wams, Anorak, Fez, ...*

Bewegungsimpuls

Die Teilnehmenden singen oder summen ein Lied und spielen mit beiden Händen auf einem Fantasieklavier (trommeln auf dem Tisch).

Geistesblitz

„Sei heiter, es ist gescheiter." Theodor Fontane

Versteckte Kleidung

Lesen Sie die folgenden Sätze langsam vor und lassen Sie die Teilnehmenden die versteckten Kleidungsstücke nennen.

- Die Schalter im Keller des Barockschlosses funktionieren nicht.
- Doris braucht Nähutensilien.
- Bernds Trümpfe liegen klar auf der Hand.
- Er fährt mit der ockerfarbenen Untergrundbahn.
- Nach Emden schreit Agnes Hirte: Stopp Ulli, Ecki, Mono und Ute.
- Opa Areck leidet an einer Arthrose.
- Norman telefoniert nach Westengland.
- Mona erfährt von Jack etwas Unangenehmes.
- Der Dieb sucht Schutz in der Dunkelheit.

Weitere Ideen

- Die Teilnehmenden bilden Sätze, in denen Kleidungsstücke und andere Dinge versteckt sind.
- Lassen Sie reihum unterschiedliche Taschen nennen: *Handtasche, Hosentasche, Jackentasche, Rocktasche, Manteltasche, Fahrradtasche, Werkzeugtasche, Ledertasche, Schultasche, Computertasche, Teigtasche, Zahnfleischtasche, Geldtasche, Aktentasche, Stofftasche, …*
- Lassen Sie eine Wörterkette rund um Kleidung nennen: *Kleiderschrank – Schrankbein – Beinkleider – Kleiderstoff – Stoffbahn – Bahnhof – Hofnarren – Narrenkostüm – Kostümschnitt – Schnittmuster – Musterkleider – Kleiderbügel – Bügeleisen – Eisenhut – Hutablage – …*
- Lassen Sie Stoffe von A–Z nennen: *Alpaka, Baumwolle, Chiffon, Elasthan, Filz, Georgette, Halbleinen, Jersey, Kunstseide, Leinen, Musselin, Organdy, Popeline, Samt, Taft, Velours, Zeltplane*

Bewegungsimpuls
Lassen Sie die Teilnehmenden das Schnittmuster eines Kleides oder einer Hose in die Luft malen.

Geistesblitz
„Früher war die Familie eine Tankstelle, heute ist sie eine Garage.“
Maurice Chevalier

Um die Ecke gedacht

Lesen Sie diese Fragen vor und lassen Sie die Teilnehmenden die Antworten nennen.

- Wie heißt das Beinkleid eines Versagers? *(Nietenhose)*
- Ein Reinigungstuch und ein feiger Mensch werden gleich genannt. Wie? *(Waschlappen)*
- Wie heißen Textilarbeiter auf Spinnenbeinen. *(Weberknechte)*
- Was nehmen faule Mädchen lang? *(Faden)*
- Wie nennt man ein weibliches Kleidungsstück, mit dem die Schotten dicht gemacht werden. *(Schottenrock)*
- Es ist weiß, will hoch hinaus und schützt bei einem Gericht. *(Kochmütze)*
- Kleine Kinder hängen manchmal dran, obwohl er meistens zu einer Mütze gehört. *(Rockzipfel)*

Weitere Ideen

- Lassen Sie weitere Fragen nennen, bei denen um die Ecke gedacht wird. Mit welchen Themen hat ein Gärtner zu tun? *(Chrysanthemen)*/ Welche Rosen gibt es auf dem Meer? *(Matrosen)*/Welches ist das häufigste Streichinstrument? *(Pinsel)*
- Die Teilnehmenden nennen Fußbekleidungen: *Halbschuhe, Schnürschuhe, Pantoffeln, Pumps, Sandalen, Sandaletten, Skischuhe, Stiefel, Mokassins, Ballettschuhe, Eislaufschuhe, Bergschuhe, Badeschlappen, Wattschuhe, Plastikschuhe, Herrenschuhe, Damenschuhe, Kinderschuhe, Schneeschuhe, Turnschuhe, Slipper, Hausschuhe, …*

Bewegungsimpuls

Die Teilnehmenden stellen sich vor, sie nähten einen Kleidersaum mit der Hand. Der Faden ist viel zu lang und so müssen sie jedes Mal die Nadel ganz weit nach oben führen, bevor sie den nächsten Stich machen können. Lassen Sie sieben Stiche machen.

Geistesblitz

„Das Gras wächst nicht schneller, wenn Sie daran ziehen.“
Afrikanisches Sprichwort

Einkauf im Textilgeschäft

Die Teilnehmenden stellen sich vor, wie sie Kleidung einkaufen und merken sich die einzelnen Kleidungsstücke.

- eine bunt geblümte Bluse
- ein himmelblaues Oberhemd
- eine grün-lila-karierte Kittelschürze
- ein weißer Petticoat
- ein lila T-Shirt
- einen rosa Strampelanzug
- ein gelbes Lätzchen
- eine weiß-gelb gepunktete Babydecke

Weitere Ideen

- Lassen Sie sich vom Einkauf in den Kindertagen berichten.
- Die Teilnehmenden nennen nacheinander bunte Kleidungsstücke und jeder wiederholt das Wort des Nachbarn, bevor er ein neues Kleidungsstück nennt („Kofferpacken").
- Lassen Sie aufzählen, was man alles waschen und abwaschen kann.
- Die Teilnehmenden nennen reihum Wäschestücke von A–Z: *Augenbinde, Badeanzug, Cocktailschürze, Damenslip, Einreiher, Fußballtrikot, Gamaschen, Handtuch, Imkeranzug, Jacke, Kopftuch, Lätzchen, Mütze, Nachthemd, Oberhemd, Pullover, Querstreifenkleid, Ringelsocken, Schlafanzug, Taftunterrock, Unterwäsche, Velourjacke, Waschlappen, Yoga-Hose, Zudecke*
- Lassen Sie Redewendungen und Sprichwörter rund ums Waschen nennen: *eine Hand wäscht die andere – Schmutzige Wäsche waschen – Seine Hände in Unschuld waschen – Mit allen Wassern gewaschen sein – Jemandem den Kopf waschen ...*

Bewegungsimpuls

Die Teilnehmenden nehmen die gekauften Kleidungsstücke aus der Tasche und hängen Bluse, Oberhemd, Jacke und Rock auf einen Bügel in den Kleiderschrank, bei dem die Kleiderstange so hoch ist, dass sie sich sehr strecken müssen.

Geistesblitz

„Wer sich heute freuen kann, sollte nicht bis morgen warten."
Johann Heinrich Pestalozzi

Alltag

Das Ideal

Lesen Sie das Gedicht vor und die Teilnehmenden merken sich möglichst viele Einzelheiten.

Ja, das möchste:
Eine Villa im Grünen mit großer Terrasse,
vorn die Ostsee, hinten die Friedrichstraße;
mit schöner Aussicht, ländlich mondän,
vom Badezimmer ist die Zugspitze zu sehn –
aber abends zum Kino hast du's nicht weit.
Das Ganze schlicht, voller Bescheidenheit.

Neun Zimmer – nein, doch lieber zehn!
Ein Dachgarten, wo die Eichen drauf stehn,
Radio, Zentralheizung, Vakuum,
eine Dienerschaft, gut gezogen und stumm,
eine süße Frau voller Rasse und Verve –
(und eine fürs Wochenend, zur Reserve) –
eine Bibliothek und drumherum
Einsamkeit und Hummelgesumm.
Kurt Tucholsky

Bewegungsimpuls
Die Teilnehmenden kreisen mit den Händen, und zwar gleichzeitig mit der linken Hand rechtsherum und mit der rechten Hand linksherum.

Geistesblitz
„Wer die Hoffnung vor seinen Wagen spannt, fährt doppelt so schnell."
Polnisches Sprichwort

Weitere Ideen

- Lassen Sie eine Villa im Grünen beschreiben.
- Die Teilnehmenden beschreiben die Aussicht aus einem Fenster ihres Elternhauses.
- Die Teilnehmenden nennen Straßennamen von A–Z.
- Lassen Sie Urlaubserlebnisse von der Ostsee oder anderen Orten erzählen.
- Lassen Sie Wörter finden, in denen „mensch" versteckt ist: *Blumenschmuck, Daumenschrauben, Pflaumenschnaps, Gaumenschmaus, Almenschuppen, Namenschilder, Ulmenschatten – ...*

Ein Mensch, der sich ein Schnitzel briet, ...

Lassen Sie die Teilnehmenden die Reime dieser Gedichtzeilen von Eugen Roth ergänzen. Es gelten natürlich auch kreative Neuschöpfungen.

Ein Mensch der einen Ofen hat,
zerknüllt ein *(altes Zeitungsblatt)*

Ein Mensch, der frömmste auf der Welt,
hat sich *(im Gasthaus was bestellt).*

Ein Mensch gedenkt, daheim zu bleiben
und *(still in seinem Buch zu schreiben).*

Ein Mensch, der sich ein Schnitzel briet,
bemerkte, *(dass es ihm missriet).*

Ein Mensch trifft einen in der Stadt,
der *(ihn zu treffen Freude hat)*

Ein Mensch, der einen Brief geschrieben,
ist *(ohne Antwort drauf geblieben).*

Ein Mensch denkt nachts in seinem Bette,
was *(er gern täte, wäre, hätte).*

Ein Mensch geht, leider ganz allein,
und (kauft sich neues Schuhwerk ein).

Weitere Ideen

- Lesen Sie die ersten Zeilen vor und lassen Sie die zweiten Zeilen ergänzen.
- Lesen Sie die Gedichtzeilen vor und lassen Sie die unterstrichenen Wörter ergänzen.
- Die Teilnehmenden erinnern sich, wie diese Zeilen weitergehen und tragen sie vor.
- Lassen Sie die Gedichtzeilen pantomimisch darstellen.
- Lassen Sie weitere Sätze bilden, die mit „Ein Mensch ...“ beginnen.

Bewegungsimpuls
Die Teilnehmenden schreiben die unterstrichenen Wörter mit der linken Hand in die Luft.

Geistesblitz
„Das Beste, was wir auf der Welt tun können, ist: Gutes tun, fröhlich sein und die Spatzen pfeifen lassen.“
Don Bosco

Ottos ordentliche Oma

Lesen Sie diese Sätze vor und die Teilnehmenden zählen die vorkommenden „o".

- Oskars Opa ordert ofenfrische Osterbrote ohne Rosinen. (8)
- Roberts Onkel forscht im Oktober über Motoren und orangefarbene Orchideen. (9)
- In Cottbus kochen flotte Omas und moderne Opas ohne einen originellen Kohleofen. (10)
- An sonnigen Sonntagen kosten komische Kollegen von Konditoren köstliche Aprikosentorten mit Makronen und Mokkabohnen. (13)

Weitere Ideen

- Die Teilnehmenden merken sich die Wörter in der genannten Reihenfolge („Kofferpacken").
- Lesen Sie die folgenden Wörter vor und die Teilnehmenden finden heraus, was in den Wörtern versteckt ist: *Aroma, Europa, Pomade, Thomas, Topas, Slalomabfahrt, Klopapier, Elektromaschinen, Tomate, ...*
- Lassen Sie weitere Sätze bilden, bei denen möglichst viele Wörter mit dem gleichen Buchstaben beginnen und die Teilnehmenden zählen die Anfangsbuchstaben: *Lachende, lustige, linkshändige Ladenbesitzer lugen lamentierend, lustbetont durch luftige lupenreine Lamellenrollos.*

Bewegungsimpuls

Oma lacht: OH – MA – HA

Die Teilnehmenden atmen mit „OH" tief ein und heben dabei die Arme nach oben. Sie atmen mit „MA" aus und schwingen gleichzeitig die Arme nach unten. Mit „HA" schieben sie den letzten Rest Luft heraus und gehen dabei in die Hocke oder legen die Arme auf den Tisch.

Geistesblitz

„Man muss die Dinge so nehmen, wie sie kommen. Aber man sollte dafür sorgen, dass sie so kommen, wie man sie zu nehmen wünscht."
Curt Goetz, Schriftsteller

Als der Großvater die ...

Lassen Sie diese Liebeslieder lustig (oder nach dem Originallied) ergänzen.

- Als der Großvater die Großmutter nahm *(da wusste man nichts von Mamsell und Madam)*
- Kein Feuer, keine Kohle kann brennen so heiß *(als heimliche Liebe, von der niemand nichts weiß)*
- In einer kleinen Konditorei, da saßen *(wir zwei bei Kuchen und Tee)*
- Es waren zwei Königskinder, *(die hatten einander so lieb)*
- Ich tanze mit dir in den *(Himmel hinein)*
- Ungeküsst sollst (du nicht schlafen gehen)
- Ich weiß nicht, was soll *(es bedeuten)*
- Komm in meine *(Liebeslaube)*

Weitere Ideen

- Singen Sie mit den Teilnehmenden diese Liebeslieder.
- Die Teilnehmenden summen Liebeslieder und die anderen Teilnehmenden erraten die Titel: *Nur nicht aus Liebe weinen – Horch, was kommt von draußen rein – Liebeskummer lohnt sich nicht – ...*
- Lassen Sie Schlager und bekannte Sängerinnen und Sänger der 1950er und 60er Jahre nennen: *Pack die Badehose ein – Conny Froboess/Casanova – Caterina Valente/Tanze mit mir in den Morgen – Gerhard Wendland/Die Gitarre und das Meer – Freddy Quinn/ Rote Rosen, rote Lippen, roter Wein – René Carol/Schütt die Sorgen in ein Gläschen Wein –Willy Schneider/Mandolinen und Mondschein – Peter Alexander/Wir wollen niemals auseinandergeh'n – Heidi Brühl/ Kalkutta liegt am Ganges, Paris liegt an der Seine – Vico Torriani*

Bewegungsimpuls

Lassen Sie die Teilnehmenden sich bewegen, während sie singen.
Sie können auch in Gedanken freihändig Fahrrad fahren, dabei die Arme nach oben schwingen und in die Pedale treten.

Geistesblitz

„Lust und Liebe sind die Fittiche zu großen Taten.“ Johann Wolfgang von Goethe

Thomas Mann stand unter einer Tann'

Lesen Sie die Namen der berühmten Persönlichkeiten vor und die Teilnehmenden bilden einen lustigen Reim (Beispiele stehen in Klammern).

Johann Wolfgang Goethe *(spielte auf der Flöte)*
Bertold Brecht *(spielte einen Knecht)*
Heinrich Heine *(hatte lange Beine)*
Heinrich Böll *(schrieb über die Höll')*
Hermann Hesse *(lauschte einer Messe)*
Joseph Haydn *(mochte alle leiden)*
Max Frisch *(saß auf dem Tisch)*
Siegfried Lenz *(fuhr einen Benz)*
Otto Hahn *(liebte seinen Kahn)*
Gottfried Benn *(lief durchs Venn)*
Carl Orff *(stach Torf)*
Friedrich Schiller *(spazierte mit Herrn Miller)*

Weitere Ideen

- Die Teilnehmenden nennen weitere berühmte Persönlichkeiten und reimen die Namen.
- Nennen Sie die Reime in den Klammern und die Teilnehmenden sagen einen weiteren Namen, der sich reimt.
- Sagen Sie die unterstrichenen Wörter und die Teilnehmenden merken sich die Wörter in der genannten Reihenfolge.
- Nennen Sie die unterstrichenen Wörter und die Teilnehmenden bilden reihum Sätze mit diesen Wörtern.
- Die Teilnehmenden sagen reihum ihren Namen und reimen dazu.

Bewegungsimpuls
Die Teilnehmenden stellen sich vor, sie spielten Flöte wie Goethe. Dabei bewegen sie die Finger auf der Flöte so schnell wie möglich hin und her.

Geistesblitz

„Am feinsten ist der Erfolg, der nicht willig kommt wie eine zahme Hauskatze, sondern den man zwingen und beherrschen lernen muss wie ein wildes Pferd.“ Peter Ustinov

Der Einsame

Lesen Sie dieses Gedicht von Wilhelm Busch vor und die Teilnehmenden ergänzen die Reime.

Wer einsam ist, der hat es gut,
Weil keiner da, der ihm was *(tut)*.
Ihn stört in seinem Lustrevier
Kein Tier, kein Mensch und kein *(Klavier)*,
Und niemand gibt ihm weise Lehren,
Die gut gemeint und bös zu *(hören)*.

Der Welt entronnen, geht er still
In Filzpantoffeln, wann er *(will)*.
Sogar im Schlafrock wandelt er
Bequem den ganzen Tag *(umher)*.
Er kennt kein weibliches Verbot,
Drum raucht und dampft er wie ein *(Schlot)*.

Geschützt vor fremden Späherblicken,
Kann er sich selbst die Hose *(flicken)*.
Liebt er Musik, so darf er flöten,
Um angenehm die Zeit zu *(töten)*,
Und laut und kräftig darf er prusten,
Und ohne Rücksicht darf er *(husten)*,

Und allgemach vergisst man seiner.
Nur allerhöchstens fragt mal *(einer)*:
Was, lebt er noch? Ei, Schwerenot,
Ich dachte längst, er wäre *(tot)*.
Kurz, abgeseh'n vom Steuerzahlen,
Lässt sich das Glück nicht schöner *(malen)*.
Worauf denn auch der Satz beruht:
Wer einsam ist, der hat es *(gut)*.

Weitere Ideen

- Die Teilnehmenden nennen Begriffe mit „Busch“: *Buschwerk, Buschbohne, Buschhemd, buschig, Buschmesser, Buschwindröschen, Fliederbusch, Haselnussbusch, Rosenbusch, …*
- Lassen Sie Redewendungen mit „Busch“ nennen: *Auf den Busch klopfen – Sich in die Büsche schlagen – Etwas ist im Busch –…*

Bewegungsimpuls

Die Teilnehmenden strecken die Hände zur Decke und sagen „Ich“. Sie zeigen auf ihre Brust und sagen „bin“. Dann breiten sie die Arme weit aus und sagen „froh“.

Geistesblitz

„Ärgere dich nicht, dass der Rosenstrauch Dornen trägt, sondern freue dich darüber, dass der Dornenstrauch Rosen trägt.“ Arabisches Sprichwort

Seltsame Mitmenschen

Die Teilnehmenden finden heraus, um welche „seltsamen“ Mitmenschen es sich hier handelt und ergänzen die Begriffe.

Schürzen*(jäger)*	Schlitz*(ohr)*	Papier*(tiger)*
Pantoffel*(held)*	Tratsch*(tante)*	Pleite*(geier)*
Schrei*(hals)*	Stuben*(hocker)*	Wind*(hund)*
Dumm*(kopf)*	Erbsen*(zähler)*	Unglücks*(rabe)*
Geiz*(hals)*	Pfennig(fuchser)	Leit*(hammel)*
Lang*(finger)*	Mecker*(ziege)*	Bücher*(wurm)*
Eigen*(brötler)*	Quassel*(strippe)*	Kredit*(hai)*
Drücke*(berger)*	Stink*(stiefel)*	Spinat*(wachtel)*

Weitere Ideen

- Lesen Sie die dritte Spalte vor und die Teilnehmenden merken sich die Tiernamen in der genannten Reihenfolge.
- Alle versuchen, sich einen genannten Namen von jedem Teilnehmenden zu merken.
- Die Teilnehmenden nennen zu jedem Mitmenschen eine Eigenschaft, die mit dem gleichen Buchstaben beginnt: *Emsiger Eigenbrötler, typische Tratschtante, …*
- Lassen Sie reihum Sätze bilden, die einen „seltsamen Mitbewohner“ enthalten: *Im Treppenhaus treffen sich die Tratschtanten.*

Bewegungsimpuls

Lassen Sie die Teilnehmenden Dinge nennen, die man im Haus finden kann, und sich dazu bewegen. Wenn es ein Ding ist, das auf dem Dachboden ist, bilden sie mit beiden Armen ein Dach über dem Kopf. Wenn es ein Ding ist, das in der Küche zu finden ist, rühren sie mit dem Schneebesen Eischnee. Wenn es ein Ding ist, das im Keller zu finden ist, gehen sie eine Fantasietreppe hinunter.

Geistesblitz

„Hunde haben alle guten Eigenschaften der Menschen, ohne gleichzeitig ihre Fehler zu besitzen.“
Friedrich der Große

Erna und Ernst gesucht

Lesen Sie die folgenden Begriffe vor und lassen Sie die Teilnehmenden herausfinden, in welchen Wörtern *„erna"* oder *„ernst"* versteckt sind.

Kleidernaht	Winternatur	Kapernstrauch
Sternstunde	Lernstoff	Fingernagel
Bauernstube	Fernabenteuer	Büchernarr
Kiefernstamm	Tiername	Futternapf
Fernstraßen	Fernstudium	Westernabenteuer
Asternstrauß	Osternaschereien	Bauernstaat
Bernstein	Kindernamen	Opernarie

Weitere Ideen

- Die Teilnehmenden merken sich die Wörter in der genannten Reihenfolge („Kofferpacken").
- Lassen Sie die Teilnehmenden weitere Wörter finden, in denen *„erna"* und *„ernst"* versteckt sind.
- Lassen Sie Begriffe nennen, die mit einem Namen beginnen: *Hansaplast, Kaimauer, Theologie, Januar, Tomate, Petersilie, Frankreich, Franzosen, Johannisbeere, Kurtaxe, Tombola, Leopard, maximal, Marktschreier, Oleander, Veranda, Hanseaten, Klausur, Benzin, …*
- Die Teilnehmenden suchen Wörter, in denen andere Vornamen versteckt sind: *Risotto, Schnute, Lotto, Schlagertitel, Übertopf, Felsen, Möbelkenner, Ringeinsatz, Kartoffelkeller, Dachanstrich, Insellage, …*
- Die Teilnehmenden erfinden gemeinsam eine Geschichte mit Ernst und Erna.

Bewegungsimpuls
Die Teilnehmenden halten in jeder Hand eine halbe Fantasie-Zitrone. Sie drücken sie ganz fest und zählen von 5–0 abwärts und lassen die Zitronenhälften „fallen".

Geistesblitz
„Menschen verlieren die meiste Zeit damit, dass sie Zeit gewinnen wollen."
John Steinbeck

Morgenstund hat Gold im Mund

Spielen Sie ein Quiz mit Redewendungen und lassen Sie die Teilnehmenden die folgenden Fragen beantworten.

- Welche Farbe hat die Brille, wenn man alles sehr positiv sieht? *(rosarot)*
- Was macht man jemandem vor, wenn man ihm Lügengeschichten erzählt? *(blauen Dunst)*
- Welche Farbe hat jemand, wenn er neidisch ist? *(Gelb)*
- Womit ist man davongekommen, wenn man aus einer Sache fast unbeschadet heraus gekommen ist? *(mit einem blauen Auge).*
- Welche Farben haben Daumen von Blumenliebhaberinnen? *(grün)*

Weitere Ideen

- Nennen Sie weitere Redewendungen und die Teilnehmenden stellen die Fragen.
- Die Teilnehmenden stellen selbst Fragen zu Redewendungen und Sprichwörtern rund um den Körper.
- Nennen Sie ein Wort einer Redewendung und lassen Sie die passende Redewendung dazu nennen – „Kopf“: *Mit dem Kopf durch die Wand wollen.*
- Es werden gemeinsam Sätze oder eine Geschichte gebildet, in der diese Redewendungen vorkommen.
- Lassen Sie Märchen nennen, in denen Gold eine Rolle spielt: *Rumpelstilzchen, Hans im Glück, Frau Holle, …*
- Die Teilnehmenden nennen Wörter, in denen „Gold“ vorkommt: *Goldregen, Goldklumpen, Goldmarie, Goldkette, Goldschmuck, …*

Bewegungsimpuls
Die Teilnehmenden spielen einen Stierkämpfer in einer Arena und bewegen das rote Tuch in ihren Händen schnell nach rechts und links hin und her.

Geistesblitz
„Die größten Menschen sind jene, die anderen Hoffnung geben können.“ Jean Jaurès

Plappern und Säuseln

Wie können Menschen miteinander reden? Lassen Sie reihum einen Satz mit den folgenden Wörtern bilden.

Menschen … *sprechen – murmeln – quatschen – meckern – säuseln – flüstern – schnauben – schwatzen – plappern – plärren – tuscheln – brummen – schwafeln – schnattern – brabbeln – plauschen – plaudern – babbeln – murren – klatschen – schnacken*

Weitere Ideen

- Nennen Sie den zweiten Teil der folgenden Wörter und die Teilnehmenden ergänzen den ersten Teil: *(Plauder)tasche, (Schnatter)gans, (Klatsch)base, (Flüster)tüte, (Tratsch)tante, (Brumm)bär, (Sprech)muschel, (Murmel)tier, (Klön)schnack*
- Die Teilnehmenden erfinden eine Geschichte, in der viele der oben genannten Wörter vorkommen.
- Lassen Sie die Sätze wiederholen und jeweils ein Eigenschaftswort wie z. B. *langsam, lustig, quicklebendig, redselig,…* hinzufügen.
- Was kann man tun von A–Z? *Ackern, beten, checken, duschen, essen, fliegen, gehen, helfen, idealisieren, jodeln, kaufen, lieben, malen, nähen, ordnen, pflanzen, qualmen, rasieren, spielen, träumen, umtopfen, vermessen, wünschen, zählen*
- Die Teilnehmenden bilden mit den Tätigkeiten lustige Sätze.

Bewegungsimpuls

Die Teilnehmenden legen ihre Hände flach vor sich auf den Tisch und drücken die Hände fest nach unten, als wollten sie den Tisch in den Boden drücken. Dabei zählen sie von 5–0 abwärts und lassen dann los.

Geistesblitz

„Wer einen Fehler gemacht hat und ihn nicht korrigiert, begeht einen zweiten.“ Konfuzius

Der andere Mann

Lesen Sie das Gedicht von Kurt Tucholsky vor und die Teilnehmenden ergänzen die fehlenden Reime.

Der andere Mann
Du lernst ihn in einer Gesellschaft kennen.
Er plaudert. Er ist zu dir nett.
Er kann dir alle Tenniscracks *(nennen)*.
Er sieht gut aus. Ohne *(Fett)*.
Er tanzt ausgezeichnet. Du siehst ihn dir an …
Dann tritt zu euch beiden, dein *(Mann)*.
Ach, gnädige Frau! Hör auf einen wahren und guten alten Papa.
Hätt's du den Neuen: in ein, zwei Jahren
Ständest du ebenso *(da)*.
Dann kennst du seine Nuancen beim Kosen;
Dann kennst du ihn in *(Unterhosen)*.
Dann wird er satt in deinem Besitze,
Dann kennst du all seine *(Witze)*.
Dann siehst du ihn in Freude und Zorn,
Von oben, von unten, von hinten, von *(vorn)* …
Glaub mir, wenn man uns näher kennt,
Gibt sich das mit dem happy *(end)*.

Weitere Ideen

- Die Teilnehmenden nennen weitere Gedichte, in denen ein Mann vorkommt: Der zufriedene Landmann (Johann Peter Hebbel) – Der gütige Wanderer (Wilhelm Busch) – Der geduldige Dichter (Richard Dehmel) – Der arme Peter (Heinrich Heine) – Der alte Narr (Wilhelm Busch),
- Lassen Sie Redewendungen nennen, in denen ein Mann vorkommt: *Ein alter Mann ist doch kein D-Zug – Den lieben Gott einen guten Mann sein lassen – Seemannsgarn spinnen – Etwas auf Vordermann bringen – Die Axt im Haus erspart den Zimmermann – Mit Mann und Maus untergehen – ...*

Bewegungsimpuls

Die Teilnehmenden malen abwechselnd mit dem rechten und linken ausgestreckten Arm einen Mann in die Luft.

Geistesblitz

„Der Frühling ist zwar schön; doch wenn der Herbst nicht wär', wär' zwar das Auge satt, der Magen aber leer!“ Friedrich Freiherr von Logau

Mit Kind und Kegel

Lassen Sie Redewendungen und Sprichwörter ergänzen, in denen Familienmitglieder vorkommen:

- Das *(Kind)* mit dem Bade ausschütten
- Das *(Kind)* im Manne
- Essen wie bei *(Muttern)*
- *(Kinder)* und Narren sagen die Wahrheit
- Der (Mutter) am Schürzenband hängen
- Sich bei jemandem lieb *(Kind)* machen
- Da ist der Wunsch der *(Vater)* des Gedankens
- Vorsicht ist die (Mutter) der Porzellankiste

Weitere Idee

- Lesen Sie die Redewendungen noch einmal vor, und die Teilnehmenden merken sich die Familienmitglieder in der genannten Reihenfolge.

Bewegungsimpuls

Zeigen Sie den Teilnehmenden für die Familienmitglieder Vater, Mutter, Kind drei unterschiedliche Bewegungen: Der Vater zieht seinen Hut, die Mutter hängt ein Wäschestück auf und das Kind spielt mit einem Kreisel. Nennen Sie jeweils ein Stichwort der Redewendungen und die Teilnehmenden machen die entsprechende Bewegung dazu.

Geistesblitz

„Faulheit ist der Humus des Geistes!“
Thaddäus Troll

Blaumann und Flachmann

Die Teilnehmenden erraten aufgrund der Umschreibungen, um welchen Mann es geht.

- Er ist weiß und liebt den Winter. *(Schneemann)*
- Er ist immer unterwegs und passt auf, vor allem nachts. *(Wachmann)*
- Er ist keine Hausfrau aber sehr im Haus beschäftigt. *(Hausmann)*
- Er ist von bestimmter Farbe und aus einem bestimmten Stoff. *(Blaumann)*
- Früher wurde er gefüllt zur Arbeit mitgenommen. *(Henkelmann)*
- Er steigt in die Tiefen und kommt geschwärzt wieder hoch. *(Bergmann)*
- Er erfreut die Kinder mit einer süßen Leckerei in einer Tüte. *(Eismann)*

Weitere Ideen

- Die Teilnehmenden nennen weitere Wörter, die auf „mann" enden: *Eiermann, Milchmann, Landmann, Fährmann, Dienstmann, Amtmann, ...*
- Lassen Sie Wörter nennen, vor die man „Männer" setzen kann: *Runde, Verein, Mode, Abend, Rolle, Sache, Chor, Kleidung, Bund, ...*
- Lassen Sie Lieder singen oder summen, in denen ein Mann vorkommt. Die anderen Teilnehmer erraten die Liedertitel: *Ein Jäger aus Kurpfalz – Es kommt der Eiermann –* Auf, auf, du junger Wandersmann – ...
- Lassen Sie aufzählen, welche Frauen es gibt: *Hausfrauen, Fachfrauen, Karrierefrauen, Ehefrauen, Frontfrauen, Marktfrauen, Waschfrauen, ...*
- Die Teilnehmenden nennen andere Wörter für Frauen: *Dame, Gemahlin, Küchenfee, Hausdame, Prinzessin, Königin, Weggefährtin, bessere Hälfte, Angetraute, Krone der Schöpfung,...*

Bewegungsimpuls
Die Teilnehmenden setzen sich auf einen Stuhl und fassen mit beiden Händen seitlich die Sitzfläche. Nun versuchen sie, den Stuhl, auf dem sie sitzen, anzuheben...

Geistesblitz
„Wenn es ein Geheimnis für den Erfolg gibt, so ist es dies: den Standpunkt des anderen verstehen und die Dinge mit seinen Augen sehen." Henry Ford

Hansdampf

Die Teilnehmenden ergänzen diese Zitate und Sprichwörter.

- Hansdampf *(in allen Gassen)*
- Hans im *(Glück)*
- Hannemann *(geh du voran)*
- Harry, *(hol schon mal den Wagen)*
- Heinrich, *(der Wagen bricht)*
- Johann *(es kann serviert werden)*
- Konrad, *(sprach die Frau Mama)*
- Seinen *(Wilhelm)* daruntersetzen
- Otto *(Normalverbraucher)*
- Luise, *(keine ist wie diese)*

Geistesblitz
„Die Erinnerung ist das einzige Paradies, aus dem wir nicht vertrieben werden können."
Jean Paul

Weitere Ideen

- Lassen Sie Sätze bilden mit diesen Damen und Herren: *Mein Bruder war ein Hansdampf in allen Gassen und ließ keinen Streich aus.*
- Die Teilnehmenden nennen ihren Namen und erfinden einen Zweizeiler: *Ich heiße Katharina und bin eine Ballerina.*
- Lassen Sie die vorkommenden Namen im Struwwelpeter nennen: *Paulinchen, Wilhelm, Hans, Nikolaus, Friederich Robert, Ludwig, Kaspar, Zappelphilipp, Minz und Maunz*
- Die Teilnehmenden nennen Persönlichkeiten mit dem Vornamen Hans, Johannes oder Johann: *Hans Albers, Hans Fallada, Hans Clarin, Hans Habe, Johann Strauß, Johannes Gutenberg, Johannes der Täufer, …*
- Die Teilnehmenden nennen Sprichwörter, Redewendungen und Zitate, in denen Namen vorkommen: *Was Hänschen nicht lernt, lernt Hans nimmermehr. – Mein Name ist Hase, ich weiß von nichts. – Frech wie Oskar sein. – Peter und Paul hell und klar, bringt ein gutes Jahr.*

Bewegungsimpuls
Die Teilnehmenden strecken die Hände weit nach oben und klatschen mehrfach in die Hände, während sie ihren Oberkörper einmal weit nach links und dann nach rechts beugen.

Eine Reise mit dem Zug

Lesen Sie diese Geschichten langsam vor und die Teilnehmenden merken sich die vorkommenden Personen und Gepäckstücke und zählen sie.

1. Teil

Am Bahnsteig 2 in München warten viele Menschen auf den Zug nach Salzburg. Als der Zug einfährt und hält, steigen mit mir 7 Ehepaare und eine Reisegruppe aus 9 Personen ein.

Jeder – auch ich – hat einen Koffer und die 11 Herren jeweils noch einen Rucksack.

Bei der nächsten Station kommen 2 Damen in unser Abteil, die jeweils 2 Koffer tragen.

Jetzt sind wir *(26 Personen und 39 Gepäckstücke)*

2. Teil

Meine 25 Mitreisenden in unserem Abteil plaudern und lachen. So vergeht die Fahrt bis Salzburg schnell. Einmal steigen noch 3 Ehepaare zu, dann 2 Familien mit jeweils 2 Kindern. Jetzt sind wir *(40 Personen im Abteil).*

Alle neuen Personen haben je ein Gepäckstück bei sich. Jetzt sind es also

(39 + 14 = 53)

53 Gepäckstücke und 40 Reisende.

Die Reisegruppe aus 9 Personen steigt eine Station vor Salzburg aus und nimmt 13 Gepäckstücke mit.

Als wir in Salzburg ankommen sind in unserem Abteil noch *(40 – 9= 31)* Reisende mit *(53 – 13 = 40)* Gepäckstücken.

Weitere Ideen

- Die Teilnehmenden erzählen gemeinsam eine weitere Zugfahrt bei der Reisende und Gepäckstücke gezählt werden.
- Die Teilnehmenden nennen reihum Städte, in denen der Zug hält und alle merken sich die Städte in der richtigen Reihenfolge.
- Lassen Sie Städtenamen nennen. Der/die letzten Buchstabe/n der vorangegangen Stadt bildet den Anfangsbuchstaben der nächsten Stadt: Berlin – Lindau – Augsburg – Göttingen – Nürnberg –...

Bewegungsimpuls

Die Teilnehmenden fahren mit dem Fantasie-Zug. Sie ziehen abwechselnd mit der linken und der rechten Hand die Notbremse.

Geistesblitz

„In den Luftschlössern lässt sich leicht Zuflucht suchen. Und leicht zu bauen sind sie auch.“ *Henrik Ibsen*

Großvaters Großmutter

Lesen Sie das Gedicht von Theodor Fontane vor und die Teilnehmenden ergänzen die fehlenden Reime.

Großvaters Großmutter
Denkst du verschwundener Tage, Marie,
Wenn du starrst ins Feuer bei Nacht?
Wünschst du die Stunden und Tage *(zurück)*,
Wo du froh und glücklich *(gelacht)*?

Ich denke verschwundener Tage, John,
und sie sind allezeit mein Glück,
doch die mir die liebsten gewesen sind,
ich wünsche sie n i c h t *(zurück)* ...

Weitere Ideen

- Die Teilnehmenden erinnern sich an Stunden und Tage, an denen sie besonders glücklich gelacht haben.
- Lassen Sie Erinnerungen an die Großeltern erzählen.
- Die Teilnehmenden nennen Begriffe, die mit „Groß" beginnen: *Großtante, Großmut, Großbauer, Großalarm, Großdruck, Großfürst, Großbrand, Großbanken, Großauftrag, ...*
- Die Teilnehmenden nennen weitere Gedichte von Theodor Fontane: John Maynard – Herr von Ribbeck auf Ribbeck – Weihnachten – ...

Bewegungsimpuls

„Opa pustet"
Vor den Teilnehmenden steht eine Fantasie-Geburtstagstorte mit 70 kleinen Kerzen. Jeder holt siebenmal tief Luft und pustet die Kerzen aus. Nach jedem Pusten wedeln die Teilnehmenden abwechselnd mit der linken und rechten Hand den Rauch weg.

Geistesblitz

„Nichtstun ist die allerschwierigste Beschäftigung und zugleich diejenige, die am meisten Geist voraussetzt."
Oscar Wilde

Helden der 50er Jahre

Nennen Sie die folgenden Filmtitel der 1950er Jahre und die Teilnehmenden nennen die Namen der Schauspieler in den Hauptrollen.

- Casablanca *(Ingrid Bergmann und Humphrey Bogart)*
- Das Wirtshaus im Spessart *(Liselotte Pulver)*
- Ein Herz und eine Krone *(Audrey Hepburn und Gregory Peck)*
- Im Dutzend billiger *(Heinz Erhard)*
- Die Sünderin *(Hildegard Knef)*
- Das Fenster zum Hof *(James Stewart)*

Weitere Ideen

- Nennen Sie ein unterstrichenes Wort und die Teilnehmenden bilden einen Satz, in dem dieses Wort vorkommt.
- Die Teilnehmenden nennen weitere Filme der 50er Jahre und die entsprechenden Schauspieler.
- Lassen Sie Komplimente für Frauen von A–Z nennen: Eine Frau ist … *achtsam, brillant, charmant, damenhaft, elegant, fragil, graziös, herzlich, intelligent, jugendlich, kapriziös, leidenschaftlich, mondän, natürlich, offenherzig, propper, quicklebendig, romantisch, schön, temperamentvoll, unverdorben, vielseitig, wundervoll, zauberhaft*

Bewegungsimpuls

Die Teilnehmenden stellen sich vor, dass sie in jeder Hand einen schweren Ziegelstein halten. Nun drücken sie den Ziegelstein ganz langsam nach oben, bis die Arme ganz gestreckt sind. Dann fällt der Ziegelstein herunter und sie schütteln die Hände aus.

Geistesblitz

„Beim Theater ist jede Rolle wichtig. Ich werde nicht dadurch zum König, dass ich mich königlich gebärde, sondern dadurch, dass der Diener sich vor mir verneigt.“ Will Quadflieg

Dem Glücklichen schlägt keine Stunde

Die Teilnehmenden ergänzen diese Sprichwörter und Redewendungen.

- Dem Glücklichen schlägt *(keine Stunde).*
- Einen Kuss in Ehren *(kann niemand verwehren).*
- Mein schönes Fräulein, darf ich wagen, *(meinen Arm und Geleit ihr anzutragen).*
- Wo man singt, *(da lass dich ruhig nieder).*
- Man muss die Feste feiern, *(wie sie fallen).*
- Wer vieles bringt, *(wird manchem etwas bringen).*

Weitere Ideen

- Reihum sagen die Teilnehmenden die erste Hälfte eines Sprichwortes und die anderen Mitspielenden ergänzen die Sprichwörter.
- Lassen Sie Glückssymbole nennen: *Kleeblatt, Schornsteinfeger, Glückspfennig/-cent), Glücksschwein, Talisman, Maskottchen, Glückszahl …*
- Die Teilnehmenden nennen weitere Wörter, die mit Glück beginnen: *Glückskäfer, Glückskind, Glückwunsch, Glücksstern, Glücksrad, Glücksritter, Glücksgöttin, Glückssache, Glücksfall, Glücksbringer, Glückseligkeit, Glückspilz, Glücksspiel, Glückstreffer, Glückstadt, …*
- Lassen Sie Wörter nennen, in denen die Buchstaben GLUECK in beliebiger Reihenfolge vorkommen: *Schokoladenglasur, Blumengesteck, Verlobungsgeschenke, Chorkonzerteinladung, Flugsicherheitskontrolle, …*

Bewegungsimpuls

Die Teilnehmenden sagen: „Ich bin sehr glücklich" und bewegen sich dabei: Bei „Ich" zeigen sie auf sich, bei „bin" klopfen sie mit den Händen auf den Kopf, bei „sehr" berühren sich die Fingerspitzen und bei „glücklich" strecken sie sich zur Decke und werden immer größer.

Geistesblitz

„Nicht alles, was glücklich macht, ist gesund. Aber alles, was unglücklich macht, ist ungesund."
Gerd Uhlenbruck

Menschliche Geräusche

Die Teilnehmenden nennen zu den Geräuschen einen Ort, der mit dem gleichen Buchstaben beginnt. Bedingung: keine Wohnräume im Haus

- Trällern im *(Tanzkurs)*
- Flüstern im *(Flugzeug)*
- Klappern auf der *(Kirmes)*
- Wettern im *(Wellness-Studio)*
- Kichern im *(Karussell)*
- Brüllen am *(Bergsee)*
- Grummeln am *(Grill)*
- Tratschen im *(Tierheim)*
- Klatschen in der *(Konditorei)*
- Bibbern im *(Badesee)*
- Meckern im *(Milchgeschäft)*
- Schnarchen im *(Schlafwagen)*
- Brummen in der *(Bierstube)*
- Husten in der *(Hundehütte)*
- Lachen in der *(Liebeslaube)*
- Summen im *(Sandkasten)*
- Glucksen im *(Gartenhäuschen)*
- Zischen im *(Zug)*
- Murmeln im *(Museum)*
- Raunen im *(Rasthaus)*
- Gurren in der (Gärtnerei)
- *Schmatzen in der (Scheune)*

Weitere Ideen

- Sie sagen den Raum und die Teilnehmenden nennen ein Geräusch, das mit dem gleichen Buchstaben beginnt.
- Lassen Sie Geräusche im Haus nennen: *Klirren von Geschirr, Anzünden eines Streichholzes, Ziehen eines Korkens, Kochen von Wasser, Surren des Mixers, Rauschen der Toilettenspülung, ...*
- Die Teilnehmenden nennen Geräusche von A–Z.
- Die Teilnehmenden beschreiben Geräusche oder machen eine Pantomime und die anderen erraten, um welches Geräusch es sich handelt.

Bewegungsimpuls

Die Teilnehmenden klatschen mehrfach in die Hände und zwar vor dem Bauch, über dem Kopf, hinter dem Körper, auf der linken und auf der rechten Seite vom Körper.

Geistesblitz

„Der Anfang ist die Hälfte des Ganzen.“ Aristoteles

Lieber von Picasso gemalt als ...

Lesen Sie den Anfang dieser Zeilen vor und die Teilnehmenden finden einen lustigen Schluss.

- Lieber von Picasso gemalt *(als vom Schicksal gezeichnet).*
- Lieber fernsehmüde als *(radioakiv).*
- Lieber Rosinen im Kopf als *(Haare im Kuchen).*
- Lieber Gold in der Kehle als *(Silber im Blick).*
- Lieber eine Sechs in Englisch *(als gar keine Note).*
- Lieber Stimmen im Keller als *(Stimmen im Kopf).*
- Lieber Haare auf dem Kopf als *(Haare auf den Zähnen).*

Weitere Ideen

- Lassen Sie weitere Sätze bilden mit „Lieber .... als ...“
- Nennen Sie die unterstrichenen Wörter und die Teilnehmenden merken sich die Wörter in der genannten Reihenfolge.

Bewegungsimpuls

Die Teilnehmenden setzen Vokale in Bewegung um: Bei einem „A“ breiten sie die Arme aus. Bei einem „E“ fassen sie mit der linken Hand den rechten Ellbogen und mit der rechten Hand den linken Ellbogen. Bei einem „I“ zeigen sie auf sich. Bei einem „U“ strecken sie die Arme nach unten und bei einem „O“ nach oben.

Reihum sagen die Teilnehmenden in der 1. Runde ein einsilbiges Wort und bewegen sich passend zum Vokal. „Kopf“: Arme nach oben strecken/„Hut“: Arme nach unten/„Bart“: Arme ausbreiten/„Eis“: Ellbogen berühren und auf sich zeigen.

Geistesblitz

„Sein Gedächtnis schult man am besten dadurch, dass man etwas vergessen möchte.“ Andre Gide

Wunschdenken

Lesen Sie den Teilnehmenden diesen Spruch von Wilhelm Busch vor und lassen Sie die Reimwörter nennen.

Spruch
Wonach du sehnlich ausgeschaut,
es wurde dir beschieden.
Du triumphierst und jubelst *(laut)*:
Jetzt hab' ich endlich *(Frieden)*.

Ach, Freundchen, rede nicht so wild.
Bezähme deine Zunge.
Ein jeder Wunsch, wenn er *(erfüllt)*,
kriegt augenblicklich *(Junge)*.
Wilhelm Busch

Weitere Ideen

- Lesen Sie den Spruch langsam noch einmal vor und die Teilnehmenden merken sich möglichst viele Einzelheiten.
- Die Teilnehmenden nennen reihum Wünsche von A–Z.
- Lassen Sie Gedichte von Wilhelm Busch aufsagen.
- Lassen Sie die Teilnehmenden einen Zweizeiler oder Vierzeiler kreieren, in dem es um das Wünschen geht.
- Die Teilnehmenden nennen Werke von Wilhelm Busch: *Max und Moritz – Die fromme Helene – Hans Huckebein – Maler Klecksel – Fips der Affe – Kritik des Herzens – Zu guter Letzt …*

Bewegungsimpuls
Die Teilnehmenden stellen sich vor, dass sie fliegen können. Dazu heben sie ihre Arme seitwärts und „flattern" mit ihren Armen.

Geistesblitz
„Was wahr ist beim Licht der Lampe, ist nicht immer wahr beim Licht der Sonne." Joseph Joubert

Bunte Berufe

Lesen Sie diese Rätsel vor und die Teilnehmenden erraten die Berufe.

- Ich trage Orange. *(Müllmann)*
- In meinem Beruf trage ich Weiß und verwende viel weißes Pulver. *(Bäcker)*
- Ich fahre in einem großen Wagen mit Leiter und Schlauch und liebe die Farbe Rot. *(Feuerwehrmann)*
- Ich steige den Leuten aufs Dach und bringe angeblich Glück. *(Schornsteinfeger)*
- Ich hatte früher eine grüne Uniform und trage heute blau. *(Polizist)*
- Ich fahre in einem gelben Auto und leere gelbe Kästen. *(Postmann)*
- Ich brauche für meine Arbeit einen weißen Kittel. *(Arzt)*
- Ich streife ganz in Grün durch den grünen Wald. *(Förster)*
- Ich arbeite auf einem Schiff und trage einen blauen Anzug. *(Matrose)*
- Ich reinige bunte Sachen für andere Leute und mache sie fein. *(Waschfrau)*

Weitere Ideen

- Lassen Sie Sätze bilden, in denen die unterstrichenen Wörter vorkommen.
- Die Teilnehmenden beschreiben Berufe und die Mitspielenden erraten die Berufe: *Schneiderin, Maler, Verkäuferin, Kassiererin, Putzfrau, Bauer, Dachdecker, Gärtner, Masseur, Busfahrerin, Schaffner, Bahnhofsvorsteher, Försterin, Bäckerin, Metzger, Friseuse, Ärztin, Buchhändlerin, Koch, …*

Bewegungsimpuls
Die Teilnehmenden singen das Lied „Zeigt her eure Füße, zeigt her eure Schuh und schauet den fleißigen Waschfrauen zu. Sie waschen, sie waschen, sie waschen den ganzen Tag". Lassen Sie sie dazu die entsprechenden Bewegungen machen.

Geistesblitz
„Trenne dich nie von deinen Illusionen! Wenn sie verschwunden sind, wirst du weiter existieren, aber aufgehört haben zu leben" *Mark Twain*

Ein ganzes Leben

Lesen Sie das Gedicht von Joachim Ringelnatz vor und die Teilnehmenden ergänzen die fehlenden Reime.

Ein ganzes Leben
„Weißt du noch", so frug die Eintagsfliege
Abends, „wie ich auf der *(Stiege)*
Damals dir die Käsekrümel stahl?"
Mit der Abgeklärtheit eines Greises
Sprach der Fliegenmann: „Gewiss, ich weiß es!"
Und er lächelte: „Es war *(einmal)*"
Weißt du noch, wie ich dir grollte,
Fliegenleim-Selbstmord verüben *(wollte)*??
Und wie ich das erste Ei gebar??
Und wie es halb sechs Uhr *(war)*
Und wie ich in die Milch gefallen bin??
Fliegenmann gab keine Antwort mehr
Summte leise, müde vor sich (hin).
Lang, lang ist's her – „lang ——".
Joachim Ringelnatz

Weitere Ideen

- Lassen Sie Vierzeiler reimen, in denen „Fliegen" und „fliegen" vorkommen.
- Die Teilnehmenden bilden reihum Sätze mit „Fliegen" und „fliegen" und spielen „Kofferpacken" mit diesen Sätzen.
- Lassen Sie Wörter nennen, die sich auf „Fliegen" reimen: *liegen, biegen, Ziegen, wiegen, kriegen, Riegen, Stiegen, …*
- Lassen Sie Redewendungen und Sprichwörter nennen, in denen „Fliegen" und „fliegen" vorkommen: *Zwei Fliegen mit einer Klappe schlagen – In der Not frisst der Teufel fliegen – Fahre nie schneller als dein Schutzengel fliegen kann – Sie streiten um ein Ei und lassen die Henne fliegen – Besser Fliegen gefangen als müßig gegangen.*
- Die Teilnehmenden sprechen Zungenbrecher: *Wenn viele Fliegen hinter vielen Fliegen fliegen, dann fliegen viele Fliegen hinter vielen Fliegen.*

Bewegungsimpuls
Die Teilnehmenden halten ein Heft oder Buch zuerst in der rechten und dann in der linken Hand und versuchen damit, Fantasiefliegen zu erwischen. Einmal sitzen die Fliegen so weit oben an der Wand, dass sie sich sehr strecken müssen. Ein anderes Mal sitzen die Fliegen ganz weit unten, ganz weit rechts und dann ganz weit links.

Geistesblitz
„Wo ein Begeisterter steht, ist der Gipfel der Welt." *Joseph von Eichendorff*

Man kann nicht ...

Lassen Sie die Teilnehmenden diese Redewendungen und Sprichwörter lustig ergänzen.

Man kann nicht

- Mit dem Kopf *(durch die Wand).*
- Gleichzeitig auf *(zwei Hochzeiten tanzen).*
- Zwei Herren *(dienen).*
- Zugleich verliebt und *(vernünftig sein).*
- Speck haben und das *(Schwein behalten).*
- Über seinen Schatten *(springen).*
- Aus seiner Haut *(heraus).*
- Gleichzeitig umziehen und am selben Ort *(bleiben).*

Weitere Ideen

- Lesen Sie die Ergänzungen der Sprichwörter vor und die Teilnehmenden merken sie sich in der genannten Reihenfolge.
- Lassen Sie die Teilnehmenden Orte von A–Z nennen, wohin der Umzugswagen fährt: *Aachen, Bremen, Celle, Dresden, Essen, Frankfurt, Gießen, Hameln, Iserlohn, Jena, Kassel, Leipzig, Mannheim, Nürnberg, Oldenburg, Passau, Quedlinburg, Rosenheim, Stuttgart, Tübingen, Unna, Viersen, Wuppertal, Xanten, York, Zinnowitz*
- Lassen Sie Wagen nennen, in denen man Umzugskisten transportieren kann: *Handwagen, Leiterwagen, Kutschwagen, Planwagen, Eisenbahnwagen, Lastwagen, Bauwagen, Heuwagen, Kleinwagen, ...*

Bewegungsimpuls
Die Teilnehmenden strecken die Arme nach vorn, während die Handflächen nach unten zeigen. Dabei legen sie die rechte Hand auf die linke und drücken die rechte Hand nach unten, die linke nach oben.

Geistesblitz
„Jeder Mensch wird als Zwilling geboren: als der, der er ist, und als der, für den er sich hält." Martin Kessel

Ich bin ein Musikante

Lassen Sie diese Liedzeilen lustig (oder nach dem Originallied) ergänzen.

- Das Wandern ist *(des Müllers Lust).*
- Glück auf, glück auf *(der Steiger kommt).*
- Zeigt her eure Füße, *(zeigt her eure Schuh).*
- Backe, backe Kuchen, *(der Bäcker hat gerufen).*
- Es klappert die Mühle *(am rauschenden Bach).*
- Es zogen drei lustige *(Handwerksleut).*
- Ich bin der Doktor *(Eisenbart).*
- Wer will fleißige *(Handwerker sehen)?*
- Wie machen's denn die *(Schneider)?*
- Schäfer sag, *(wo tust du weiden)?*

Weitere Ideen

- Lassen Sie die Lieder singen.
- Die Teilnehmenden summen Melodien und die Mitspielenden erraten die Lieder.
- Lassen Sie die besungenen Berufe pantomimisch darstellen.
- Lesen Sie den ersten Teil dieser Berufe, die es gar nicht mehr oder kaum noch gibt vor und die Teilnehmenden nennen den zweiten Teil: *Fassbinder, Hufschmied, Drahtzieher, Buchbinder, Laternenanzünder, …*

Bewegungsimpuls
Die Teilnehmenden wandern auf der Stelle. Sie strecken gleichzeitig ihren linken Arm nach vorn und ihren rechten Arm nach hinten, während sie abwechselnd das linke und das rechte Bein heben.

Geistesblitz

„Ein Gedanke kann nicht erwachen, ohne einen anderen zu wecken."
Marie von Ebner-Eschenbach

Herein, wenn's kein Schneider ist

Die Teilnehmenden beantworten die Fragen mit den passenden Redewendungen.

- Wobei sollte ein Schuster bleiben? *(bei seinen Leisten)*
- Was isst der Bauer nicht? *(was er nicht kennt)*
- Wer ist nicht erwünscht, wenn man „Herein" sagt? *(der Schneider)*
- Wen erspart die Axt im Haus? *(den Zimmermann)*
- Wie kann man etwas halten? *(wie ein Dachdecker)*
- Wie friert man, wenn man sehr friert? *(wie ein Schneider)*
- Wer wird oft zum Gärtner gemacht? *(der Bock)*
- Wer hat das Loch gemacht, das man jemandem zeigt? *(der Zimmermann)*
- Auf wessen Rappen ist man unterwegs? *(auf Schusters Rappen)*

Weitere Ideen

- Nennen Sie den kursiv geschriebenen Text und die Teilnehmenden stellen die Fragen.
- Nennen Sie die unterstrichenen Wörter und die Teilnehmenden nennen die Redewendungen.
- Lassen Sie Fragen zu weiteren Redewendungen stellen und beantworten.
- Die Teilnehmenden nennen reihum 2 typische Gegenstände für bestimmte Berufe und die anderen Teilnehmenden erraten den Beruf.
- Die Teilnehmenden bilden reihum einen Satz mit einem Beruf und alle merken sich die Berufe in der genannten Reihenfolge.

Bewegungsimpuls
Die Teilnehmenden stellen sich vor, eine Bäuerin/ein Bauer zu sein und eine Kuh zu melken. Sie setzen sich breitbeinig hin, stellen einen Eimer unter die Kuh und beginnen mit beiden Händen zu melken.

Geistesblitz
„Erfahrungen vererben sich nicht. Jeder muss sie alleine machen." Kurt Tucholsky

Familienbande

Lassen Sie die fehlenden Verwandten in diesen Sätzen ergänzen.

Ilse geht einkaufen in den *(Tante)* Emma-Laden.
Unsere Jugend hatte eine gute *(Kinder)*stube.
Olga ist eine grüne *(Witwe)*.
Vor meinem *(Vater)*haus steht eine Linde.
Heinrich stolpert oft über seinen großen *(Onkel)*.
Kaiser Wilhelm besaß passend zu seinem schwarzen Anzug einen *(Vater)*mörder.
Käthe ist eine richtige Tratsch*(tante)*.
Isabella ist ein lustiges *(Frauen)*zimmer.
Die Raben sind gar keine Raben*(eltern)*.
Oma bewundert den *(Frauen)*schuh auf der Fensterbank.
Weil die Oma verreist war, war der Opa Stroh*(witwer)*.

Weitere Ideen

- Nennen Sie folgende Begriffe und die Teilnehmenden nennen die passende Redewendung oder das geflügelte Wort oder das passende Sprichwort: *Kegel (mit Kind und Kegel) – im Manne (das Kind im Manne) – von Traurigkeit (kein Kind von Traurigkeit) – Bade (das Kind mit dem Bade ausschütten) – Schaukeln (wir werden das Kind schon schaukeln) – Wunsch (da ist der Wunsch der Vater des Gedankens) …*
- Klären Sie mit den Teilnehmenden die Bedeutung der Redewendungen und Sprichwörter.

Bewegungsimpuls
Die Teilnehmenden kreisen abwechselnd mit dem rechten und linken Fuß, einmal linksherum und einmal rechtsherum.

Geistesblitz
„Der Unterschied zwischen dem richtigen Wort und dem beinahe richtigen Wort ist derselbe wie zwischen dem Blitz und einem Glühwürmchen." Mark Twain

Oh, du lieber Augustin

Lassen Sie die Namen in diesen Liedern nennen.

- Komm auf die Schaukel *(Luise)*
- Was machst du mit dem Knie lieber *(Hans)*
- Das machen nur die Beine von *(Dolores)*
- Ich bin die fesche *(Lola)*
- *(Hänschen)* klein, ging allein, in die weite Welt
- Und dann saß ich mit der *(Emma)* auf der Banke
- *(Suse, liebe Suse)*, was raschelt im Stroh
- Ich bin die *(Christl)* von der Post
- Ach, *(Luise)*, kein Mädchen ist wie diese
- Ein Mann, der sich *(Kolumbus)* nannt

Weitere Ideen

- Lassen Sie die Lieder singen.
- Lassen Sie weitere Liedertitel mit Namen nennen: *Marina, Marina – Lilli Marleen – Anneliese, Anneliese – Annabell, ach Annabell …*
- Die Teilnehmenden summen Melodien und die Mitspielenden erraten die Lieder.
- Die Teilnehmenden nennen Bekannte und bekannte Persönlichkeiten mit dem Vornamen August: *Auguste Rodin, August Bebel, August der Starke, …*
- Die Teilnehmenden nennen Eigenschaften eines Mannes. Ein Mann ist … *charmant, elegant, stur, arrogant, großherzig, geizig, herzlich, intelligent, jugendlich, kapriziös, leidenschaftlich, natürlich, offenherzig, …*

Bewegungsimpuls
Die Teilnehmenden singen „Oh, du lieber Augustin" und klatschen im Rhythmus des Liedes in die Hände und auf die Oberschenkel.

Geistesblitz

„Der Geist ist demselben Gesetz unterworfen wie der Körper. Beide können sich nur durch beständige Nahrung erhalten." *Luc de Clapiers, Marquis de Vauvenargues*

Da bleibt kein Auge trocken

Die Teilnehmenden finden heraus, wie diese Redewendungen richtig heißen.

- Keinen KAKTUS *(kein Blatt)* vor den Mund nehmen.
- Der WEIN *(das Wasser)* steht ihm bis zum Hals.
- Mir raucht der FUSS *(der Kopf)*.
- Jemanden an den OHREN *(der Nase)* herumführen.
- Witze *(Löcher)* in den BAUCH fragen.
- Da bleibt kein HAAR *(Auge)* trocken.
- Sich etwas auf die POBACKEN *(hinter die Ohren)* schreiben.
- Jemandem etwas auf den KOPF *(auf die Nase)* binden.
- Für jemanden den HUT *(die Hand)* ins Feuer legen.
- Sich einen WURM *(Klotz)* ans Bein binden.
- Wut in den KNIEkehlen *(im Bauch)* haben.
- Mit einem lachenden und einem weinenden *MUND*winkel (Auge).

Weitere Ideen

- Nennen Sie die Wörter in Großbuchstaben und die Teilnehmenden merken sich die Wörter in der genannten Reihenfolge.
- Nennen Sie jeweils einen unterstrichenen Begriff aus einer Redewendung und die Teilnehmenden ergänzen eine Redewendung mit diesem Wort: *Woher nehmen und nicht stehlen – Stehen wie eine Eins – Rauchen wie ein Schlot – Etwas gegen jemanden ins Feld führen – Frag mich was Leichteres – Trocken Brot macht Wangen rot – Wer schreibt, der bleibt – Sich etwas ans Bein binden – Sich ins Zeug legen – Drum prüfe, wer sich ewig bindet – Einen Webfehler haben – Da lachen doch die Hühner – Reißaus nehmen – …*

Bewegungsimpuls
Die Teilnehmenden legen im Wechsel den linken und rechten Fuß über den anderen. Gleichzeitig werden die Arme vor der Brust überkreuzt. Einmal liegt der linke, einmal der rechte Arm vorn.

Geistesblitz

„Der Mensch ist ein vernunftbegabtes Tier, das stets die Geduld verliert, wenn es vernünftig handeln soll.“
Oscar Wilde

Rotwein ist für alte Knaben

Lassen Sie die Teilnehmenden die Reime dieser Gedichtzeilen ergänzen.

Rotwein ist für alte Knaben
Eine von den besten Gaben

Vater werden ist nicht schwer,
Vater sein, dagegen sehr

Konrad, sprach die Frau Mama,
ich geh aus und du bleibst da

Paulinchen war allein zu Haus'
die Eltern waren beide aus.

Und die Mutter blicket stumm
auf dem ganzen Tisch herum

Es ist ein Brauch von altersher,
(wer Sorgen hat, hat auch Likör)

Weitere Ideen

- Die Teilnehmenden ergänzen die Gedichtzeilen.
- Lassen Sie jeweils ein unterstrichenes Wort von den Teilnehmenden ergänzen.
- Lassen Sie die Gedichtzeilen pantomimisch darstellen.
- Lassen Sie die unterstrichenen Wörter mit der linken Hand in die Luft schreiben.
- Die Teilnehmenden nennen Getränke von A–Z: *Apfelsaft, Buttermilch, Champagner, Dunkelbier, Eistee, Fruchtsaft, Grog, Holundersaft, Ingwertee, Jasmintee, Kaffee, Limonade, Milch, Nektarinensaft, Orangensaft, Pharisäer, Quittensaft, Rhabarbersaft, Sekt, Traubensaft, Underberg, Weißwein, Zitronensaft.*

Bewegungsimpuls
Feiern Sie mit den Teilnehmenden Geburtstag. Sie prosten jedem Mitspielendem mit einem Glas Rotwein zu. Allerdings setzen Sie das Fantasieglas immer wieder auf den Tisch, bevor Sie erneut zuprosten.

Geistesblitz
„Das Kind hat den Verstand meistens vom Vater, weil die Mutter ihren ja noch besitzt." Adele Sandrock

Hausmittelchen im Haushalt

Lesen Sie die folgenden Behauptungen vor und die Teilnehmenden entscheiden, ob sie richtig oder falsch sind.

- Etwas Zitronensaft macht die Schlagsahne richtig steif (r)
  - *Eselsbrücke: Von der Zitrone etwas Saft, gibt der Sahne Halt und Kraft.*
- Einen nassen Pullover sollte man immer auf einem Bügel trocknen. (f)
  - *Eselsbrücke: Nasse Pullover auf dem Bügel, das verdient eine Tracht Prügel.*
- Eichenmöbel kann man pflegen, indem man sie mit warmem, hellem Bier abreibt und mit einem Wolllappen nachpoliert. (r)
  - Eselsbrücke: Eichenmöbel auf Bier, das rat ich dir.
- Wenn man die Zitrone vor dem Auspressen ein wenig rollt, gibt sie mehr Saft. (r)
  - Eselsbrücke: Die Zitrone hart gerollt, ist dem Koch besonders hold.
- Wenn man Käse in ein Wolltuch wickelt, bleibt er schön frisch. (f)
  - Eselsbrücke: Käse bleibt frisch – mach den Versuch in einem salzig-feuchten Leinentuch.
- Ein Teig mit Mehl sollte immer möglichst warm angerührt werden (f)
  - Eselsbrücke: Mehlteig wird, wie es gebührt, immer kalt angerührt.

Weitere Ideen

- Lassen Sie die Teilnehmenden weitere Hausmittelchen für den Haushalt richtig oder falsch beschreiben. Die anderen Teilnehmenden entscheiden, ob es stimmt oder nicht.

Bewegungsimpuls

Die Teilnehmenden haben heute Hausputz: Sie putzen in Gedanken ein großes Fenster blank, nehmen zum Schluss eine Zeitung, knüllen sie zusammen und wischen es blank.

Geistesblitz

„Es liegt in der menschlichen Natur, vernünftig zu denken und unlogisch zu handeln.“
Anatole France

Muntermacher & Männermode

Lesen Sie die den ersten Teil der folgenden Begriffe vor und die Teilnehmenden nennen den zweiten Teil.

Munter*(macher)*
Morgen*(muffel)*
Macht*(mensch)*
Mies*(macher/muschel)*
Mannschafts*(meister)*
Milch*(mädchen)*
Mafia*(methoden)*
Mittel*(maß)*
Mandarinen*(mus)*
Mantel*(muster)*

Meter*(maß)*
Menschen*(massen)*
Mais*(mehl)*
Mandolinen*(musik)*
Männer*(mode)*
Mutter*(milch)*
Mond*(mann)*
Mauer*(mäuschen)*
Mandel*(makronen)*
Morgen*(mantel)*

Geistesblitz
„Der Kluge nimmt das Gebot der Stunde wahr. Sind neue Freunde reif, so pflückt er sie." Euripides

Weitere Ideen

- Nennen Sie die M-Begriffe und die Teilnehmenden merken sich die Begriffe in der genannten Reihenfolge.
- Lassen Sie Sätze bilden mit diesen M-Begriffen.
- Die Teilnehmenden nennen weitere zusammengesetzte Begriffe mit „M...m".
- Lassen Sie „Doppeldecker" mit anderen Buchstaben nennen: *Ahornast, Butterbrot, Daunendecke, Erdbeereis, Froschfang, Gänsegatter, Haushuhn, Joghurtjause, Kochkurs, Liebeslieder, Morgenmesse, Nudelnamen, Oberstorden,Prachtpuppe, Quarkquirl, Rosenrabatte, Salatschnecke, Tintentusche, Vogelvoliere, Wasserwellen, Zimtziege, ...*
- Nennen Sie den ersten Teil der obigen Wörter und die Teilnehmenden nennen den zweiten Teil.

Bewegungsimpuls
Die Teilnehmenden tippen mit den Fingerkuppen der rechten Hand nacheinander so schnell wie möglich gegen den Daumen der linken Hand. Danach tippen sie mit Fingerkuppen der linken Hand gegen den Daumen der rechten Hand.

Eine kluge Frau

Lesen Sie diese lustige Geschichte über eine kluge Frau vor und die Teilnehmenden merken sich möglichst viele Einzelheiten.

Ein Mann hatte sich mit seiner Frau gestritten. Er war so wütend, dass er sechs Tage im Haus herumlief, ohne auch nur ein Wort zu sprechen. Da hatte die Frau, die sich gern wieder mit ihm vertragen wollte, eine gute Idee. Sie nahm eine Taschenlampe und leuchtete damit unter jede Bank, unter jedes Sofa und hinter jeden Schrank. Sie stieg auf eine Leiter und schaute oben auf die Regale. Sie machte die Schubladen auf und sah hinein.

Da wurde der Mann so neugierig, dass er sie schließlich fragte, was sie denn so begierig suche. Da antwortete die Frau lachend: „Deinen Mund! Ich dachte du hättest ihn verloren, weil ich nichts mehr von dir gehört habe. Jetzt bin ich froh, dass ich deinen Mund wiedergefunden habe."

Da musste der Mann auch lachen und sie nahmen sich in den Arm und vertrugen sich wieder.

Weitere Ideen

- Die Teilnehmenden nennen Wörter, die man mit den Buchstaben des Wortes TASCHENLAMPEN bilden kann: *Tal, Ast, Mast, acht, Mann, Masche, Sachen, naschen, Enten, lachen, selten, lasch, pachten, …*
- Die Teilnehmenden nennen Dinge, die erhellen: *Kerzenlicht, Stehlampe, Deckenleuchte, Taschenlampe, Zigarettenanzünder, Streichholz, …*

Bewegungsimpuls
Die Teilnehmenden „suchen" ihre verlegte Brille: Sie suchen sie oben auf dem Schrank, unter dem Tisch, hinter der Blumenvase. Sie machen entsprechende Bewegungen nach oben und unten.

Geistesblitz
„Die wichtigste Stunde in unserem Leben ist immer der gegenwärtige Augenblick; der bedeutsamste Mensch immer der, der uns gerade gegenübersteht." *Leo Tolstoi*

Um die Ecke gedacht

Lesen Sie diese Fragen vor und die Teilnehmenden erraten die Lösung.

- Wie heißt der Trinkspruch für den Mann? *(Toaster)*
- Wie heißt der Niederschlag eines Edelmetalls? *(Goldregen)*
- Wie heißt ein Satzzeichen beim Wetterbericht? *(Tiefpunkt)*
- Wie nennt man die Arbeitszeit gelehrter Leute? *(Intelligenzschicht)*
- Wie kann man die Lebensbeschreibung eines Autos nennen? *(Autobiografie)*
- Wie nennt man den Chef einer Strickwarenfabrik? *(Strickleiter)*
- Wie nennt man die Weichteile des Computers? *(Software)*
- Wie heißt die Blume, die Psychiatern blüht? *(Neurose)*
- Wie heißt der Endpunkt einer Himmelsrichtung und eine Stadt? *(Ostende)*
- Wie nennt man eine typische Sitzgelegenheit kleiner Könige? *(Zaun)*
- Wie nennt man das Leergut ordentlicher Brillenträger? *(Etui)*
- Was mögen Liebende und Diebe möglichst finster? *(Ort)*
- Wie heißt ein himmlischer Botschafter, der von der Erde kommt? *(Satellit)*
- Wie nennt man einen eiligen Käuferkreis? *(Laufkundschaft)*
- Wie nennt man ein Gotteshaus für Lehrlinge? *(Stiftskirche)*
- Wie nennt man die Erörterung eines Speiseplans? *(Gerichtsverhandlung)*

Weitere Ideen

- Nennen Sie die Lösungswörter der Fragen und die Teilnehmenden merken sie sich.
- Nennen Sie die Lösungswörter der Fragen und die Teilnehmenden bilden die Fragen.
- Lassen Sie weitere Sätze mit den Lösungswörtern nennen.

Bewegungsimpuls
Die Teilnehmenden falten ihre Hände im Nacken und drehen ihren Rumpf nach rechts und links, allerdings nur in der Wirbelsäule.

Geistesblitz
„Wenn Sie immer nur das tun, was Sie bisher getan haben, werden Sie auch immer nur das bekommen, was Sie bisher bekommen haben." Henry Ford

Kopfnuss

Lesen Sie den Teilnehmenden diese Kopfnuss langsam vor und lassen Sie die Teilnehmenden die Lösung finden.

Herr Meier und Frau Müller machen einen Wanderurlaub in der Mark Brandenburg. Plötzlich gelangen sie an einen Fluss. Es liegt zwar ein kleines Boot am Ufer, aber es hat nur Platz für eine Person. Dennoch gelingt es den beiden, den Fluss im Boot zu überqueren und dann ihren Weg fortzusetzen. Wie konnte das gelingen?

(Herr Meier und Frau Müller machen den Wanderurlaub nicht gemeinsam und wandern auf unterschiedlichen Seiten des Flusses. Jeder findet auf seiner Seite ein Boot. Beide überqueren den Fluss vom jeweils anderen Ufer.)

Weitere Kopfnüsse

- Wie heißt der Körperteil eines erfolgreichen Boxers? Das Wort erinnert an ein regenarmes Gebiet. *(Niederschlagsarm)*
- Wie kann man einen runden Kuchen mit 3 geraden Schnitten in 8 gleich große Stücke zerteilen? *(Der erste senkrechte Schnitt halbiert den runden Kuchen. Der zweite senkrechte Schnitt im rechten Winkel viertelt den Kuchen. Der dritte waagerechte Schnitt auf halber Höhe des runden Kuchens lässt 8 Kuchenstücke entstehen.)*
- Welcher Vogel kann noch so laut sein, ein gleichgenannter wird ihn nicht hören? *(Die Taube, der Taube)*

Bewegungsimpuls
Die Teilnehmenden atmen gleichmäßig und ruhig ein und aus. Dann tun sie so, als würden sie gähnen. Dabei recken und strecken sie sich und lassen ein tiefes entspanntes Seufzen hören.

Geistesblitz
„Ein guter Einfall ist wie ein Hahn am Morgen. Gleich krähen andere Hähne mit."
Karl Heinz Waggerl

Zungenbrecher

Lesen Sie diese Zungenbrecher vor und lassen Sie sie so schnell wie möglich nachsprechen.

- Schlaue Studenten schlafen ständig, ständig schlafen schlaue Studenten.
- Blonde, brillante, blauäugige Bräute blicken brüskiert – brüskiert blicken blonde, brillante, blauäugige Bräute.
- Schwere Stürme schütteln stolze Schiffe, stolze Schiffe werden von schweren Stürmen geschüttelt.
- Krasse Zweifel kreisen zwischen zwei zappelnden Zwergen.
- Kleine Preise klettern prickelnd klammheimlich, klammheimlich klettern prickelnd kleine Preise.
- Kluge Zwerge klettern zwischen kleinen Zweigen, zwischen kleinen Zweigen klettern kluge Zwerge.
- Zwei Ziegen zwischen zwei Zwergen zappeln zweifelnd, zweifelnd zappeln zwei Ziegen zwischen zwei Zwergen.

Weitere Ideen

- Die Teilnehmenden nennen weitere bekannte Zungenbrecher.
- Lassen Sie lustige Sätze bilden, bei denen möglichst viele Wörter mit dem gleichen Buchstaben beginnen. Schwarze Störche schwingen stumm schwere Schnäbel.
- Die Teilnehmenden nennen reihum Wörter, die mit „Sch" („B" – „K") beginnen: *Schuhe, Schule, Schornstein, Schlange, Schwester, Schwiegermutter, …*

Bewegungsimpuls
Die Teilnehmenden zeigen jeweils beim 1. Wort mit beiden Händen auf den Kopf, beim 2. Wort auf die Füße, beim 3. Wort auf die Brust, beim 4. Wort auf die Knie. Beim 5. Wort werden beide Hände zur Decke gestreckt; dann wieder von vorn.

Geistesblitz
„Kluge Menschen verständigen sich mittels der Sprache. Dumme wegen der Sprache nicht."
Werner Schneyder

Brüderchen, komm tanz mit mir

Lesen Sie diese Liedertitel vor und die Teilnehmenden stellen sie sich fantasievoll in Bildern vor und merken sie sich in der genannten Reihenfolge.

- Es tanzt ein Bi-Ba-Butzemann
- Wenn die Bettelleute tanzen
- Beim Kronenwirt ist heut Jubel und Tanz
- Brüderchen, komm tanz mit mir
- Mein Lieblingslied muss ein Walzer sein
- Tanzen möchte' ich, jauchzen möchte' ich
- Ich tanze mit Dir in den Himmel hinein
- Tanze Tango mit mir
- Zum Tanze, da geht ein Madel mit güldenem Bande
- Tanz mit mir, tanz mit mir, hab 'ne weiße Schürze für

Weitere Ideen

- Die Teilnehmenden singen oder summen weitere Lieder, in denen getanzt wird: *Tanz rüber, tanz rüber – So geht es in Schnützlputz Häusel*
- Lassen Sie Tänze nennen: *Walzer, Foxtrott, Tango, Rumba, Samba, Polka, Twist, Flamenco, Charleston, Rock'n Roll, Squaredance, …*
- Die Teilnehmenden nennen reihum Wörter, die mit „z“ enden: *März, Herz, Scherz, Terz, Harz, Witz, Blitz, Schlitz, Fritz, Kitz, …*
- Lassen Sie Reime auf das Wort „Tanzen“ nennen: Ranzen, Wanzen, Schanzen, Lanzen, stanzen, ganzen, …

Bewegungsimpuls
Legen Sie Musik auf und die Teilnehmenden tanzen so flott, wie sie können oder bewegen sich rhythmisch im Sitzen zu der Musik.

Geistesblitz

„Blick in dich! In dir ist eine Quelle, die nie versiegt, wenn du nur zu graben verstehst.“ Mark Aurel